"长三角地区中小学音乐名师专业成长"系列丛书

施 忠 主编

上海音乐教育名师访谈录

（基础教育版）

第一辑

施 忠 丁 佳 曹景谐 著

学林出版社

序

　　上海,这座承载着厚重社会文化底蕴、集聚着多元艺术生活气息的国际大都市,自 20 世纪七八十年代以来,一直是中国基础音乐教育领域改革与发展的前沿阵地。在这里,音乐教育不仅承载着传承与创新的重任,更见证了无数基础音乐教育领域名师的成长与辉煌。

　　追溯至 2011 年,一个关于"上海音乐教育名师讲堂"的构想在我心中悄然萌生。我深知,我们的本科生和研究生要在音乐的道路上走得更远、更稳,不仅需要扎实的专业技能,更需要从历史的长河中汲取营养,从名师的成长故事中汲取灵感。上海,作为音乐基础教育领域改革开放的重要城市,课程改革成果斐然,涌现出一大批国内知名的音乐教育名师。这些名师的足迹,不仅记录了上海音乐教育的发展历程,更映射出全国音乐教育改革的风云变幻。

　　进入 21 世纪,随着音乐教育课程改革的不断深入和实践实施,新型教育教学理念的提出为音乐教育注入了崭新的活力。上海的音乐教师们积极响应,投身于改革的浪潮中,又一批音乐教育名师应运而生。然而,在以往的历史记录中,这批名师的身影相对鲜见。因此,记录他们的成长故事,传承他们的教育理念,总结他们的成功教育经验,成为我们不可推卸的责任。

　　2017 年,"音乐教育名师讲堂"正式启航。在启动大会上,我曾将本次活动的意义总结为:记录上海音乐教育的发展历史,叙述教育名师的成长故事,发挥名师大家的示范引领作用,整合名师名家的宝贵教育资源。如今,随着《上海音乐教育名师访谈录(基础教育版)　第一辑》的推出,我们终于将这份承诺化为现实。本书收录了新中国成立至 21 世纪初的十六位上海音乐教育名师的访谈记录，他们的智慧与经验将为后来者提供宝贵的借鉴与启示。

同时，随着《普通高中音乐课程标准》（2017 年版 2020 年修订）和《义务教育艺术课程标准》（2022 年版）的实施，2024 年 9 月新版义务教育教科书的投入使用，基础音乐教育正步入一个全新的发展阶段。在这一背景下，新生代音乐教育者的成长经历、教育成果与教学经验同样值得我们关注与记录。展望未来，我们还将推出《上海音乐教育名师访谈录（基础教育版）　第二辑》，将更多目前活跃在基础教育一线的音乐教育名师纳入其中。

伴随着全国美育教育春风的轻拂，我们也迎来了艺术教育的新纪元。2019 年 3 月教育部发布《关于切实加强新时代高等学校美育工作的意见》，2020 年 10 月中共中央办公厅、国务院办公厅印发《关于全面加强和改进新时代学校美育工作的意见》，2023 年 12 月《教育部关于全面实施学校美育浸润行动的通知》发布。在这个充满生机的季节里，我们见证了美育的累累硕果与新生代音乐教育者的璀璨崛起。他们的成长故事，如旋律般流淌；他们的教育理念，如晨露般清新；他们的教学成果，如星辰般璀璨。这些故事、理念与成果，不仅为在读的音乐教育专业学生描绘了美好的未来，也为在职音乐教师注入了灵感与动力。

在此，我衷心希望《上海音乐教育名师访谈录（基础教育版）　第一辑》的出版，能够为广大的音乐教育者与学习者提供一个交流与学习的平台，推动中国音乐教育的繁荣发展。同时，我也期待着第二辑的早日面世，为我们带来更多精彩的名师故事与教育智慧。

上海师范大学音乐学院院长

2024 年 11 月 1 日

目录

"音乐教育名师讲堂"(每篇访谈中简称"名")由上海师范大学音乐学院于 2017 年启动,旨在通过聘请上海市音乐基础教育一线的特级教师、教研员等名师名家,共同参与音乐教育专业学生的培养过程,促进高校与上海基础教育改革发展对接,形成"多方位联动"机制,充分实现全员、全方位、全社会育人模式。作为音乐学院实施"人生导师"计划的重要组成部分,"音乐教育名师讲堂"通过在校优秀学生与名师双向选择结对的方式,让学生进一步了解音乐教育发展的历史,了解名师的事业奋斗历程,学习名师对音乐教育的执着信念,探究名师的成功之路与学术精神,使名师真正成为学生的人生导师。

上海音乐教育开创者

——访上海市第一位音乐教研员郁文武

郁文武，1940年生于上海，音乐教育家。2018年因病逝世。

1960年毕业于上海音乐学院，曾担任上海市上海中学音乐教师、上海市教育委员会教研室教研员、上海教育学会音乐教学专业委员会会长、中国教育学会音乐教育专业委员会副会长、中国音乐家协会奥尔夫学会副会长、上海师范大学音乐学院兼职副教授、柏斯艺术学校校长、国家音乐课标实验教材人民音乐出版社版教材副主编、上海市中小学音乐教材副主编等职。

郁文武老师在他的职业生涯中创造了多个"第一"：全国第一位音乐教研员，全国第一个十年制中小学音乐教学大纲执笔人、全国第一套统编音乐教材主编、全国第一套中小学音乐教学挂图设计者、全国第一部中小学音乐教师手册主编、全国第一个奥尔夫音乐教育体系实验者，等等。

访谈时间　2017 年 5 月 25 日下午

访谈地点　上海市澳门路郁文武老师家中

名　郁老师您好,请问最初您是在什么样的契机之下开始音乐方面学习的呢?

郁　其实我在小时候就很喜欢唱歌,小学、中学阶段也都参加了许多音乐艺术类的活动。就读光明中学时,我是学校学生会文艺部的部长。实际上当初我也只是对音乐比较感兴趣,后来发生的事情似乎有点歪打正着。

相比音乐,当时我还是更喜欢理工科的学习。我在学校里的文化成绩一直很好,不过在我高中毕业时,考音乐比考文化科目要早,音乐学院也会比其他学校提前录取,我尝试去考了一下,一下子就通过了初试,后来便考入了音乐学院。在这之前我都没有想过要考音乐学院,也没有接受过专业的音乐学习,根本就是白纸一张,有点歪打正着。但我想,既然考进了,那就进去好好学音乐。当时我家里有六个兄弟,一个姐姐,家长就管我吃饭,对于上什么学校这类问题从来不管,只要你考得上就去读。不像现在的家长,管得非常多,规定你要去考什么学校、什么专业,我们都是自主决定的。我也从这时候才开始了专业的音乐学习。

名　郁老师,之后您又是如何走上音乐教育的职业道路呢?

郁　我刚进音乐学院时和其他学生可能还有点差距,但是由于我在高中时文化成绩很好,适应得很快。因为学音乐不光只有音乐,和其他方面的学习能力也有关系,所以我是以全班第一的成绩毕业的。毕业后分配工作,我并没有被分配到区县某所学校,而是被分配到教育局直属的上海中学做音乐教师。其实当时也没有想很多,只想着既然把我分配到上海中学,那我一定要做好。

我成为全国第一个专职音乐教研员,其实也是机遇。"文化大革命"期间上海中学被弄成了"五七京剧训练班",上海中学解散。教育局正好希望编一套音乐教材,需要一个了解音乐的人参与,在这个情况下我就被招收进去。成为教研员以后,我结合以前的一些工作经验,开始看一些有关音乐教育的专业书籍,逐渐把这个工作做了起来。

可以说,那个年代基本上没有专家或有经验的老师来带领我做这方面的工作。我进上海中学之前,那里有一个很好的音乐教师,是二胡名家王乙。他离开后,上海中学就没有音乐教师了,连音乐课都无法开设,也正是因为他们缺一个音乐教师,才把我招收进去。在刚当上音乐教师时,我也是自己摸索教学方法,到后来进了教育局,就如你们所知,我是全国第一个专职音乐教研员,在我之前根本没有人做过这方面的工作,更谈不上有谁来协助我,所以基本上我也是"摸着石头过河"。

名　退休以后,您还在从事着音乐教育相关的工作吗?

郁　上海柏斯艺术专修学校邀请我去做他们的校长,他们在当初办学的时候没有相应资质,教育局不批准他们建校。因为自从有教师职称制度后,我成为第一批中学高级教师,又担任高级职称评审委员会的委员,加上一直在做音乐教研员,对于管理音乐教学比较有经验,所以我同意做这个校长,之后这所学校也很快被批准建校。

同时,我也是上海音乐家协会电子琴专业委员会的顾问,负责一些电子琴教材的编写。这些都是退休以后,我自己很有兴趣才去做的。

名　您是中国首批提出在学校音乐课中增加器乐教学的人之一,您能给我们介绍一下您当初的设想吗?

郁　"音乐课增加器乐教学"的确可以算是我个人提出的,后来我参与了推广学校音乐课器乐教学的工作,口琴和竖笛作为教具也是由我提倡的。竖笛,也就是直吹笛,我曾对它进行了一系列调研。经过调研,我发现这个乐器其实在德国音乐课是用得非常多的,在进行奥尔夫教学时竖笛常常会作为教具出现,不过他们用的是可以转调吹奏的全调性八孔竖笛。后来我与上海吹奏笛子的专业人士进行了商讨,希望可以把竖笛弄得简单一些,所以之后我们上海音乐教学中主要使用的是六孔竖笛。六孔竖笛可以吹奏 C 调和 F 调,相对于八孔竖笛来说方便很多,也便于学生掌握,而且掌握六孔竖笛的演奏方法,学生将来转学八孔竖笛或是横笛都是十分方便的。但竖笛还是有一定的缺陷，乐器本身仍然存在音准的问题，而口琴恰好没有这个问题。上海本地的口琴很有历史渊源，像"国光牌"口琴有百年历史，说起来那都是家喻户晓的。

关于提倡器乐教学的原因，我认为，如果学生自己不学乐器的话，识谱、音准等问题根本就没有办法解决，只有学生自己去"玩"乐器了，他们才能对音乐产生兴趣，也才会对乐谱产生理解。在乐器的选择上张瑞华老师给了我启发，就是不能选择民乐乐器，因为学生本身对于"音准"概念比较模糊，所以不能去选择需要调音的乐器，这和我们提倡初学音乐的人要选择键盘乐器而非管弦乐器是一样的道理。但是当时，在音乐课上我们没有条件让每个学生去学键盘乐器，于是我们想到口风琴这一乐器。口风琴传入我国后，我们对这个乐器是十分推崇的，但在当时口风琴的价格还比较高，并不是每个家庭都愿意购买。虽说现在口风琴都很便宜，但在 20 世纪 80 年代还是口琴和竖笛比较适合学生的家庭经济状况。按当时来看，一支竖笛大概是 3 到 5 元，一个口琴大概也就 8 到 10 元，比较适合我们国家普通民众的消费水平。一架比较差的口风琴也要 50 几元，而当时一般家庭一个月工资也就是 100 元左右，你要让家长拿出半个月的工资给学生买个乐器，是不现实的。所以我后来也只提到使用竖笛、口琴等有固定音高、方便携带的小乐器。

一开始推广器乐教学是上海提出，后来教育部在编写课程标准的时候参照上海已有的课程标准进行整编。也就是通过这种方式，器乐教学才逐渐推广到了全国。

名　您在最开始教书的时候，是否没有统编的音乐教材可供使用？

郁　没错，当时国家音乐教育处于"有大纲，无教材"的状态，上海也不例外。没有专人管理，没有音乐教研组，所以更谈不上音乐教材，我也是后来进入教育局，当了教研员，才开始音乐教学上的研究。

当时领导提出要做一套音乐教材，我也就开始做这方面的工作。新生代对"文化大革命"这段历史可能不太熟悉。当时要"复课闹革命"，一些之前的教材属于"四旧"，都不能用了，所有科目的教材都要重编，物理化学等科目要废除,一些新的课程要开设,要加强对工农业基础知识的学习。音乐课和美术课也不能再上,更改为"革命文艺",我所编的就是"革命文艺"的教材。当时教育方面提倡的主旨是"破旧立新",在教材选择上就加入了毛主席语录歌、样板戏等旗帜性内容,所以这个教材要说好编也挺好编,因为内容都是现成的。但是要说不好编也的确不好编,因为教材是要经过审核才能出版的,每一个内容的添加还是要经过系统的思考之后再做决定。

名　现在,我们可以看到教材发展呈现出"一纲多本"的趋势,您能和我们说一下这一发展的过程吗?

郁　这其实是随着时代的发展逐渐产生的。我们国家那么大,各地的情况那么复杂,地区经济发展不同,居住的民族不同,地方方言不同,如果只有一个大纲、一本教材,是没有办法统一全国的教育情况的。特别是我们音乐学科,地方的戏曲、民歌特别多,因此教育部当时提倡教材应该"一纲多本"。而且我们国家从地理上能分成许多区块,所以教材多元是时代发展的一个必然的产物。

我们上海的音乐教材就是"一纲多本",像我们初中的音乐教材就有两个版本,一个是张荫尧老师主编的少年儿童出版社版(简称"少儿版"),还有一个是上海教育出版社版(简称"上教版")。只要编写的教材在课程标准或是教学大纲的范围之内,就允许开发多本、多版教材,这符合"百花齐放,百家争鸣"的思想,我认为是一件很好的事情。

但是如果在同一个地区,教材弄得太多,我觉得不太好。比如上海现在有两套初中教材,每个区都使用一种版本的教材,比如徐汇区、静安区用少儿版,闸北区用上教版,每个区内都是统一的。这样的设定还是为了方便备课,如果一个区的教研组在教材版本上还有分歧的话,教学研究以及教研活动的开展就会存在麻烦,因为这两个版本的教材虽然教学思想、教学目标相同,但在具体内容上分属不同的体系。所以我说,在全国做"一纲多本"是很好的,但在一个区域内还是应该尽量统一。

名　您在工作经历中产生过许多的科研成果,最著名的就是"六面凳",您能否详细介绍一下?

郁　1982年,随着奥尔夫教学体系进入我国,"六面凳"的想法就在我脑海里生根发芽。当时的小学低年级阶段,实际上沿用了幼儿园的教学形式,没有桌子,只有靠背椅子,教师可以将椅子随意挪动,将学生自由地组合,这一形式在当时被老师们普遍使用。但我通过自己的考察和经历发现,学生在音乐课上插秧似地坐着是一件极其别扭的事情。通常在音乐课上,我们强调学生要保持一个唱歌的姿势,不要靠背,学生一旦靠背就不能保持唱歌时正确的气息流动。幼儿园的靠背椅子虽然可以起到让学生放松的作用,但是对于小学生唱歌的练习并没有帮助。另外,从二三年级开始,学生在身体发育程度上就有很大的差别,身高的不同会使有些学生感到靠背椅并不舒适。因此,我开始思索,希望能做出一种既没有靠背,又能够适合各种年龄阶段学生的椅子。

当时的教育局有一个部门叫设备处,全称是"教学设备供应处",我就与这个部门的人员说出了这个设想,开始思考如何做出这样一种凳子。有一天,我们看到了日常生活中的方凳子,就突然有了灵感。这种方凳子一般都是给成人使用的,给学生使用略有不适。于是我以这个方凳子为原型进行改造,将其截去一部分并改小,并将凳子的每个面设计成不同的高度,方便不同身高的学生使用。学生在三年级之后就会有合唱、轮唱的相关学习内容,当时的经济条件下,不可能给每个音乐教室建造一个合唱阶梯,而我所设计的方形凳子能利用不同面来搭建三种不同高度的合唱台阶。我的设想得到了大家的支持,因此,设备处下属的工厂就开始生产这种六面体凳子了。

第一次做出来的凳子与我们现在看到的有所不同,当时做出来的凳子采用钢料、铁条,十分笨重,不但学生搬不动,而且很容易弄伤学生。于是我在考察了凳子在学校的使用情况后,向工厂反映了这些问题,并与工厂师傅一起进行了商榷,最后决定改用塑料进行制作,并加上了一个提手,以便学生搬运。如此一来"六面凳"得到了最大程度的利用,节约了成本,也节省了音乐教室内的空间,不用的时候可以把它们很容易地堆到教室的墙边、角落去,需要之时也可以方便搬出。之后,我们还将这种凳子设计成一面镂空的样式,学生可以把乐谱、竖笛或者口琴这些上课用具塞到里面,凳子的作用更加丰富。这也是"六面凳"的逐步发展的过程。

名　我们都知道除了"六面凳"以外,您在多年的音乐教育研究生涯中写过许多教材和专著。在众多的著作中,哪本让您印象最深刻,可以跟我们分享一下吗?

郁　我在 20 世纪 80 年代和谢嘉幸一同编写过一本专著,名叫《音乐教育与教学法》。当时在国内关于音乐教育的书目很少,为了更好地传播音乐教育的思想,我参考了一些书目,结合我的教学经验,我在教育局工作的经历(比如在学校听课的经历),以及后来的课例、教学研究等,编写了这本书。后来在此书基础上,曹理等人也写了很多有关音乐教育的书。我和谢嘉幸一同在上海讨论并撰写这本书的第一版,当时谢嘉幸还是一个助教,我是中学高级教师,所以我就作为主要撰稿人编写这本书。我们还拍了二十节课的电视录像,与这本书配套出版。这本书当时成为全国音乐教师达标的考试用书,也成为中国电视大学的教材,在 2015 年的时候已经出到了第十五版。

　　后来谢嘉幸打电话给我,提议将这本书重新命名并进行大修改,因为其中一些内容有些陈旧,他希望能够加入新的内容。我同意了他的建议,但出版社出于重起书名较为麻烦的顾虑而拒绝重新命名,所以我们就在书名上加了一个"第二版",并对内容进行了修改。撰写第二版时我参与得较少。第一,我年纪大了,没有精力再去北京;第二,谢嘉幸作为博士生导师,带了非常多的学生,有很多的资源。所以出第二版的时候主要由谢嘉幸带领他的学生们进行撰稿。

名　您之前教导出的一批名师,有哪些还在音乐教育界奋斗?

郁　其实我并不认为自己带出过很多名师,我觉得很多人评上特级教师都是他们自己努力的成果,这并不是我的功劳,我只是在他们需要帮助的时候提供了一些助力。

　　像张菊老师,她在参加全国比赛时,我对她参赛的课进行了一些辅导,但她并不是我的学生,她是陈蓓蕾老师的徒弟。她当时所上的课是用《乃哟乃》这首歌作为教学内容进行竖笛教学,这正好符合我自己提出的器乐教学的理念。她找我辅导时我就和她说,你让学生带着竖笛,吹一个"索",五分钟后教学问题就可以解决了;然后教师和学生之间可以进行交替吹奏的互动,例如教师吹"索咪索",学生吹"索咪哆",教师再吹"索索咪",学生再吹"索咪哆",这样不断交替下去。这样不仅能解决学生的音准问题,而且也能解决节奏问题。当时这堂课轰动了全国,获得了全国比赛一等奖的第一名。再比如席恒老师,当时她有一节课被市里选派送出得到一等奖,这节课也是我和当时他们闸北区的教研员王月萍老师一起参与指导的。上海师范大学的李嘉栋老师之前是上海市第三女子中学的音乐教师,后来当上了普陀区的教研员,他开过一些公开课,我去听过,听了课之后我也给他提过一些建议。其他还有一些事例,情况也大致如此。

所以其实我并没有真正地、具体地带过一个徒弟。因为我是市教研员,所以当时上海市送出去参加比赛的课我都有责任进行指导并提出看法。我只是以一个指导教师的身份提出意见,在指导的过程中,我也是与选派教师所在的区的教研员一起商量、指导的。

名　您担任过诸多重要职务,取得了十分辉煌的工作成绩,创造出那么多的"第一"。那除此之外,我们还想了解一下,您在之前的工作与研究经历中,是否遇到过什么挫折? 有什么故事可以和我们分享一下吗?

郁　其实我还是比较顺利的,没有碰到过什么大的困难或者挫折。上海中学解散后,我就在教育局当了一名音乐教研员,当时单位内除了我以外就没有人懂音乐教育的内容了。所以每次我和领导请示事情时,一般都能得到领导的支持,如果做成功了就很好,就算没有取得预想的成绩,也不会有人批评我或是怎样,只是让我一个人去反思、改进,所以我的工作经历总的来讲还是比较顺利的。

现在音乐教育的大环境比以前好了很多,像之前全国的专职音乐教研员都不多,而现在全国各地都有很多;过去全国的教育协会中没有关于音乐的协会,而现在就有了。在其他方面也是这样,像研究三大流派的教法,全国都在积极做这件事情。所以我个人的发展其实和形势以及机遇是分不开的。

名 据我们所知,您曾经对德国的音乐教育进行过观察与研究。您觉得他们在音乐教育方面,有哪些是值得我们反思或借鉴的?

郁 1988 年在德国待了半年,我看了很多他们的音乐课,但看过之后我觉得他们的课实际上也不像很多人宣传得那么好。

德国和我们的社会环境不同,他们的社会教育十分发达。我当时住在一个德国家庭里面,这家的主人自己就是一个长笛老师,他每周给学生上长笛课。我看了几个月,教的都是同一首曲子,就问他为什么一直教同一个内容,那个长笛老师就和我说,他们上这个课主要目的是娱乐,所以也不会有太多的要求。我们国内很多人学琴都是要去考级的,而他们并没有考级,家长就是让孩子能够有个地方娱乐一下,培养他们的兴趣。他们上一次课要 30 马克(德国原货币单位),而他们家长当时的工资一个月就有 5 000 马克,所以这部分支出对他们的家庭来说没有任何压力。他们的家长对学生学到什么程度不太在意,不像我们的家长花了很多钱,拼了命要让孩子学到一定程度,太带着功利的想法做事情。环境的不同导致了教育观念的不同。

德国现在也没有统编的音乐教材,他们也有一个教学大纲,每一个区都设有一个音乐督导,有很多出版社出版音乐教材,音乐教师可以任意使用。他们在教室里设有一个柜子,里面有很多版本的音乐教材,老师在上课时会按照自己的意愿选择教材使用,可能不同班级使用不同的版本,这样教师的自主性就很强。他们的教师在教学方法上也是五花八门,就像识谱方面,他们的确使用五线谱,但在唱音方面有的让学生唱唱名,有的让学生唱音名,这个没有统一的标准。

德国和我们一样,一周两节音乐课,教材的教授程度也不是很深。但是像德国这种国家,他们的学生每周都会到教堂去参加唱诗班,这样无形中给学生增加了音乐教学。其实在德国,甚至全世界,音乐课都是不那么被重视的课程。因为一个国家如果要发展,首要的还是发展经济,而发展经济还是要靠数理化学科,只搞音乐不搞经济,那这个国家就没有人吃得上饭了。但音乐具有美育功能,它是最能够统一意识的东西。就如德国,他们是有宗教文化的国家,而他们的宗教很大程度上要靠音乐来传播,这是他们传播宗教思想的一个极为重要的手段,我们所知道的唱诗班,就是其中一种形式。如果你去做音乐方面的研究,你会发现,很多大师也都是搞宗教音乐出身的。

关于德国的音乐教育,我还要说,我们一直在说奥尔夫教学法是从德国发源的,他们对此有很多的使用和研究。而我在德国考察后发现,在德国音乐课堂上真正使用奥尔夫教学法的也是寥寥无几,只是我们国内近几年把奥尔夫教学法的位置放得很高,所以感觉它有点被"神圣化"。当然,它的一些理念还是值得我们去思考的。

总的来说,我觉得我们很难去借鉴德国或是其他国家、地区的音乐教育,因为国情不同,环境也不一样,但一些教育思想我们还是可以去参考的。

名　您在 2016 年及 2015 年受教育部邀请,参加了一个关于学生音乐能力测试的学术活动。我们了解到,当时的测试结果是沿海发达地区的学生音乐能力较强,而西北地区的学生音乐能力较差,我们认为师资力量导致了这方面的差异。而随着师范教育越来越被重视,现在每年毕业的音乐教育师范生也是逐渐增多。您觉得在当今时代,作为一名音乐教育师范生或是音乐教师,有什么知识、意识或是技能是必须具备的呢?

郁　我认为地区、区域之间的发展不平衡是永远都存在的,这主要是师资力量的差异导致的。而师资力量的差异,牵涉到了"师资的师资力量"差异,也就是师傅的差异。就如上海师范大学的老师,华东师范大学的老师,还有上海音乐学院的老师,虽然在一个地区,但他们所关注的重点不同;不在一个地区,那就更没有办法去比较了。

现在高等教育发展起来了,师资力量也逐渐饱和,但是质量差异还是存在。像我们以前,老师达标的要求是小学老师要中等师范学校毕业,初中老师要专科毕业,高中老师要本科毕业,这些都是学历上的达标;而到了现在,我觉得老师的达标就更加要从能力上来进行考量。就像是现在的老师,不管本科毕业还是研究生毕业,在上岗之前都需要去考教师资格证,这个就是对教师能力的一个考察。

当然,从大道理上来说,一名合格的教师首先专业思想要稳定,对待学生要有爱心,要贯彻教学的理念,要具备相应科目的专业知识和基本技能。但我觉得现在的师范生在学科学习上都有点偏,就像过去,中等师范学校的音乐专业学生,能唱、能弹、能跳、能讲,到了高等师范院校就不同了,虽然有音乐教育系,但学生都有所偏科。

我在很早之前也参与过一些大学的音乐教育系课程,当时我也提出过这个问题。比如钢琴专业的学生,键盘弹得很好,但你让他唱个歌,就不行了;而声乐专业的学生,唱歌唱得很好,但弹键盘就马马虎虎。从某种程度上来说,音乐教师得各方面都通,不要深度,但要有广度。现在的师范生培养目标都设立得很好,但学生自己内心的想法并不与其完全相同,这和他个人的爱好及学习条件有关,他一般会偏重自己专业上的学习,这也就造成了他自身教师素养的不全面。学校里专业老师的想法也会影响到学生,就像声乐老师希望自己的学生声乐能力好一点,而钢琴老师就会希望自己的学生键盘演奏能力好一些。而到了毕业的时候,学校也不会针对这些方面挑他的刺,因为学校也清楚,没有办法将每一个人打造得完美,他也没有办法一直培养你。这个我觉得是在将来也很难解决的一个问题,并不是通过一两个方针能解决的,还是需要长久的时间。

我在过去也一直和其他音乐教师说,大家心态一定要放平衡,因为大家都知道音乐课它是一门副科,相对于语数外这些科目来说肯定不会被那么重视,但这样也好,因为音乐课不会有升学的压力。现在有一些地方把音乐、美术纳入了中考,虽然上海没有在做,但我觉得这个发展还是一个好的事情,至于具体的成效那还是后话。而且我认为,作为一名音乐教师,首先一定要能看得起自己,你既然已经将音乐教师作为自己的职业,如果自己都看不起这个科目,那等于是在放弃自己。而且音乐教师群体相对于其他课程的教师队伍来讲规模比较小,从这个比例来看,留给我们音乐教师的发展机会就更多,所以我也希望各个音乐教师都能在岗位上发挥好自己的作用。

名　上海可以说是全国音乐教育的摇篮，上海如今在中国音乐教育界有这样一个地位，您功不可没。您觉得我们以后应该如何将上海音乐教育的龙头地位继续保持下去呢？

郁　我觉得从现在的社会、教育发展形势来说，上海要在音乐教育这块领地保持领先还是有些困难的。其实这个问题已经有很多人提出，甚至政协都提出了相关提案，但这的确存在一定的难度。如今，教育形势存在着一定的困境。以前大家都没有开始做这方面的工作，你做了那就是首创，意义就比较深远。而现在音乐教育的发展和 20 世纪 80 年代的情况完全不同，现在的条件可以说非常好，像现在的音乐教学设备，可能比一些发达国家的还要好，尤其是上海这样的发达地区的教学设备配置。在这样好的一个状况下，可能大家就不会去想一些很麻烦的事情，音乐教育的革新、变革可能就会放慢脚步。

其实音乐教育的发展和经济发展是分不开的。上海的经济全国领先，上海现在的琴童就有十几万人，这在全国其他地区都是做不到的。也正因为有了这样的经济基础，现在音乐教育的普及程度很高，不像以前由于家庭经济情况限制，没有办法让学生去学乐器，现在经济条件好了，家长也想让自己的孩子去多学一些东西提升各方面的素养。不过现在全国其他地区的经济也在逐渐发展，所以到了现在，包括以后，上海是否还能保有优势？我觉得这还是一件很难说的事情。实际上这个事情还是受到多方面因素影响的。在以前，可能是个别地区或个人在做一些音乐教育上的研究，都是在做了以后才会发现，并且想去做这个事情。因为我是音乐教研员，那么我就应该去做音乐教育教学的研究，但现在不同了，现在很多地区、有很多人在共同协作去做这个事情，包括我们之前提到的"六面凳"。我觉得这个也不能完全归功于我一个人，这凝聚了我们许多人的思考，才发展到今天这个样子。当然，我也觉得这样一个整体趋势是令人高兴的。

跳跃的音符

——访上海市第一师范学校附属小学音乐特级教师陈蓓蕾

陈蓓蕾,1937 年生于上海,上海市特级教师,原上海市第一师范学校附属小学副校长。

1957 年毕业于上海市第一师范学校,曾入选国家教育委员会艺术教育委员会专家讲学团成员,担任华东师范大学少年儿童组织与思想意识教育专业研究生教育客座教授,被评为全国教育系统劳动模范、上海市教育战线先进工作者、上海市先进教师、上海市劳动模范、上海市首届园丁奖、"十佳代表"等,荣获上海市首届少先队星星火炬奖等。

陈蓓蕾老师长期致力于探索具有中国特色的音乐教育,重视唱游教学,重视学生音乐兴趣及音乐能力的培养,提倡让学生在"动中学、玩中学、乐中学、创中学、评中学"。1993 年主编上海第一套唱游教材,2005 年编写全国义务教育音乐教材(一至六年级,十二册)。

访谈时间　2017 年 12 月 1 日下午
访谈地点　上海师范大学音乐学院 103 办公室

名　陈老师您好！请您先说说您的教师工作生涯以及专业成长生涯,好吗?

陈　我毕业于上海市第一师范学校(简称"上海一师")。因为上海第一师范学校附属小学(简称"一师附小")的音乐教师支援内地建设,我提前两个月毕业,到那里去代低年级音乐课。那个时候我第一次从校长和音乐老师的口中得知,低年级的"音乐课"就是"唱游课"。

　　一师附小是一所文化底蕴很强的学校,最早是由陈鹤琴先生创建的。他的核心教育理念是"活教育":要培养孩子做现代中国人;要走科学化、现代化教育之路;要让学生生活音乐化。后来一师附小提倡"愉快教育"四要素:爱、美、兴趣、创造。从那时起,这些薪火相传的理念就给我播下了"唱游"的种子,并在一师附小这片肥沃的土地上成长。我的想法很简单,就是让孩子学得快乐,让孩子上我的音乐课感到开心。

　　在一师附小的初期教学中,我在老教师的引领下,自选教材,自编游戏,自导表演,和孩子们在音乐课上一起在做中学,做中教,做中成长。

名　之前看到过关于您舞蹈演出的一篇报道,您能跟我们分享一下这段难忘的经历吗?

陈　讲起舞蹈这个话题就长了,回想初中毕业刚考入师范学校时,我心里是非常忐忑的。由于家庭贫困,我只读了两年半的初中夜校,而夜校学习课程中是没有音乐课、体育课和外语课的。刚进入师范学校时,我因为自身知识技能基础比较薄弱,眼睁睁看着同学们唱呀跳呀,心里十分自卑。我告诫自己要笨鸟先飞,每样东西别人学一遍,我就学五遍六遍。回想第一次准备校舞蹈队汇演,我扮演《采茶扑蝶》里的"小蝴蝶"这一个角色,为了练下腰动作,竟从双人叠床上翻了下来。由于刻苦好学,我被同学们选为校文娱部部长。感谢这个机遇,让我在为同学们服务的三年中,得到了许多锻炼。我的认真付出让我的工作能力、知识阅历有了很大的提升和增长,师范三年是我职业生涯的摇篮。

　　工作后我需要学的东西更多了，比如弹琴、唱歌、舞蹈、演奏、编创，这些我都不如老教师，怎么办？学习！我报考了上海市工人文化宫舞蹈队，用学习舞蹈来补足自身的短板，这样一学就是十年。当时学校不允许老师上课时请假，所以我没机会参加舞蹈团接待外宾的表演或去外地的汇演，只能用晚上的时间去文化宫排练。我在舞蹈团里永远是一个候补队员，哪个节目缺少了队员，我走一走场就得上，虽然演出少，但我什么舞蹈都学，什么舞蹈都会点，并不精。在团里，每当别人休息时说说笑笑，我立马批改作业写评语。我经常晚上十一点多回家，很累但很快乐，很充实。这一路的经历为我在学校开展文娱排练、创编以及改进课堂教学、组织少先队活动打下了基础。

　　从进入一师附小到 1997 年退休，我从一名普通教师到大队辅导员、学校副校长，兼管德育、少先队、儿童团等工作。在这期间，我参与开发了儿童团的系列活动及少先队主题活动等。我深深感到，教师工作是我生命的一部分，是我人生的重要经历。我爱三尺讲台，我爱学生，我爱我终生的事业，这是我一生的情结。现在很多人认为工作不要从一而终，要不断更换，但我认为工作从一而终也很有成就感，关键是在每个阶段自己都要有不同目标、不同追求，这样才有不同的收获。从一而终的工作同样会有色彩，同样是精彩的，教师的工作是很幸福的。

名　陈老师，您看到您的学生成长为教师，学生有了学生，这种感觉还是很幸福的吧？

陈　是啊，作为一名音乐教师，虽然不是班主任，但是这么多年过去了，他们仍然记得我。我们经常聚在一起，回忆当年的快乐时光，比如大家还会排着队唱音乐课上教的歌《只怕不抵抗》，表演《李小多分果果》。我们还回忆1960 年参加第一届"上海之春"音乐舞蹈表演时的情景，如数家珍——朗诵剧《快乐王子》，情景剧《丑小鸭》，舞蹈《卖火柴的小女孩》《算盘舞》《骑着竹马舞》，等等。

　　我所教的学生中，年龄最大的已经七十多岁了，他们还会经常说起那个时候我因为他们调皮、淘气而生气的情景。当时我留着两条特别长的辫子，学生们都亲切地叫我"辫子老师"呢!

名　您认为,在专业音乐教育中,唱游教学模式所体现的最核心的价值或理念是什么?

陈　其实还谈不上有多少价值,只是有自己的一点体会和感悟吧。

　　唱游是音乐学科中低年级教学的一种模式,它是上海课程改革中设立的一门新课程,改变了当时低年级音乐教学的内容和方式,在探索、实践、改革中逐步形成了"动中学、玩中学、乐中学、创中学"的教学特色,并使学生在音乐教育中全面增强审美体验、提升音乐素养、激发音乐创造力、陶冶情操等。

　　唱游教学首先是让学生成为学习的主体、课堂的主人。要使学生成为学习的主体,要激发学生学习的积极性,让他们主动、生动地学,这并非天生而成的,需要教师的引导和培养。主动、生动地学,既是教学的过程,也是教学的结果。

　　唱游教学要激发学生主动学习的兴趣,唤起学生主动学习的热情和欲望,使学生感到学习愉快。因为兴趣是学生学习音乐最好的动力源,也是学生愉快发展的营养剂。为了使学生能乐于学习,教师在教学过程中要运用丰富多变的教学方法,创设诱人的教学情境,以精心组织的教学内容引起学生学习的兴趣,以多彩的教学活动升华学生的学习乐趣。

　　唱游教学中,教师要千方百计地教会学生主动学习的方法。一个好的教师绝不是一个"教书匠",而是要给学生一把开启知识宝库的金钥匙。今天教学生五年,要为学生想五十年,为国家想五百年,要为学生打下终身学习的基础。教师必须从重教学结果的分析转化为重优化教学过程的研究。优化教学过程要激活课堂,使课堂教学素质化,使课堂充满生命力。比如,在丰富多彩的音乐旋律中,让学生通过身体的动作去主动地感受音乐,表现音乐;在有趣的歌曲内容及情节发展中,让学生主动地学会合作交往,默契配合,教师要尽力为孩子们创造学习的环境,用动态生成的观念,重新全面地认识课堂教学,在师生共同活动中,构建新的课堂教学观。

　　此外,要培养学生主动创造的意识。创新与创造是时代的主旋律,也是人类文明进步的重要动力。新的时代需要创造型的人才,而人文素质教育就是培养具有创新精神与创造能力的人的教育。我们培养的孩子首先要有自主意识,有创造精神,要有创造思维和创造能力,更要具备"创造型人格"。"寓创于教"是唱游教学的特点之一。创造是人的本能,也是学生学习的需求。创造虽然是复杂的智慧活动,但是在儿童身上便已存在。学生在创造的活动中不仅会得到满足感,更会产生成功的情绪体验,这一情绪体验又有助于创造才能的发展。当然,学生音乐创造潜能的开发需要以扎实的音乐知识和音乐技能为基础,所以在平时的教学活动中,教师要为学生提供创造的机会,鼓励学生探索实践,探索创造。同时,还要不断地传授创造的方法,引导学生运用已学到的知识和自己的想象,举一反三,不断地求异、求新、求变,让学生在实践中打破创造的神秘感,培养创新意识。

　　唱游教学中的"创造"以"即兴创造"为主。教师通过创设氛围和情境,引发学生对教学内容独特、新颖、发散性的理解和表现。要使学生会创造,教师必须先创造。教师要相信、爱护、尊重、欣赏学生的创造能力,并在音乐活动中培养学生的创造能力。

　　在培养学生主动学习的过程中,要特别强调让学生自我认知、自信、自强。学生是有差异的,不同的学生有不同的学习过程,有的善于听,有的善于唱,有的善于模仿……过去我们认为学生的差异性只在成绩的差别上,这显然太片面了。在教学中要鼓励学生发扬特长,扬长避短地学习,努力成为某一个方面的佼佼者。

名　那您觉得唱游教学的理念和特点是什么?

陈　唱游教学的理念是听觉领先、通感联动、动觉表现,以知识为基础,以能力为核心,音乐素养是归宿。

　　唱游教学的特点有以下几个方面。

　　玩中学——游戏情景中激发学习热情。孩子天性好玩,玩对孩子来说是释放天性,它能激发学生的学习热情,让学生在玩中认知,玩中实践,玩中体验,玩中创造。

动中学——多样实践中积累学习经验。音乐本身就是流动的艺术,让学生用身体感知音乐、学习音乐,包括听、唱、奏、演,在亲身经历中,获取知识情感的体验。

乐中学——在快乐体验中培养音乐素养:"lè"(情感体验)和"yuè"(音乐素养)。

创中学——合作互动中展现才智。创造是孩子成长的标志,合作互动更能展现个人的才智,即兴创造是艺术的特质,是高端的音乐实践行为。

评中学——动态激励中凸显表现个性。评价贯穿于教育学的各个环节,评是为了激励,为了发展,评更体现教与学的实效。

另外,我想说说唱游教学中教师和学生之间的关系。唱游教学从以教师为中心转化为以学生为主体,这就要求在课堂上建立良好的师生共融关系。师生关系绝对不是单纯传授知识的关系,而是一种人与人之间平等合作的关系,教师要把对学生的爱和对知识的爱这份双重情感向学生传递,点燃学生心灵的火花要靠教师的情和爱。学生需要知识,更需要爱和鼓励。所以教师要面向全体学生,而不是面向少数天赋好的学生,要为那些中等的特别是后进的学生服务。我们的教育是普及型的教育,要爱所有的学生,让全体学生在你的引导下主动、积极、活泼地学习,用爱心培育出来的孩子是一笔宝贵的财富。

第一,教师要以良好情绪传染学生。教师一进课堂必须以饱满的热情、良好的情绪和真诚的微笑面对每个学生,让学生感到教师的和蔼可亲,从中受到感染并以愉悦的心态主动参与学习。

第二,要多给学生以关爱的赞美。每个学生都有一种被爱和被承认的心理需求,教师一定不要吝惜自己的爱和赞美之词,要从细微的动作和一句句发自内心的赞语入手,来缩短师生间心灵的距离。

第三,教师要多尊重、鼓励学生。每个学生都是发展的主体,都有自己的尊严和人格,都需要尊重和鼓励,教师绝不能伤害学生的自尊心,要多鼓励。鼓励是唱游教学中有效的营养剂,鼓励学生与自己的过去比较,它比批评、表扬更有效,激励学生努力、进取而取得成功。

第四,教师要与学生同玩、同学、同乐、同创造。在教学中师生多向的合作和交流,使课堂充满活力,教师和学生一起学习、一起实践、一起创造,共享学习的快乐。

我退休后一直在编写教材,这使我有机会与教育工作保持着一定的联系,特别是整整八年时间,我与教材组同事一起编写全国性的小学音乐教材。近十年来又年年在湖南、贵州、云南、辽宁等省进行送教培训,我更加深刻地感受到让每位教师了解教材、演绎教材、用活教材的重要性。

每年的培训时间基本在暑期。因为当地的教师平时无法调课外出学习,老师们每次都要从乡镇搭长途汽车到市区参加学习。他们主教语文、数学、体育等科目,大都是兼职教音乐,所以本身音乐基础比较薄弱。有一次我在贵州兴义市培训,正值暑假,教室里又脏又乱,我一早到兴义师范学院,和学员们一起打扫、整理,然后上课。当时天气炎热,温度达到了 38 摄氏度,教室里没有风扇,我和学员们大汗淋漓地又唱又跳,一天讲了七八个小时,兴义的老师们如饥似渴地学习,专注地听讲,连扇子都没有扇一下,让我深深地感动。每个地方培训的条件都不一样,有时面对几百位教师讲课,有时只有十几位老师,不管人数多少,我都以最饱满的热情来给大家讲课,编写教材、培训教师是我的天职,再苦再累我都要尽全力为大家服务。这些难忘的日子挺辛苦,但是很充实。我这一辈子在音乐教育的课堂上开心、开眼,更开窍,因为我总是把终点当作自己的起点,不忘初心,永远走在教改的路上,传播唱游的理念和方法。

名　陈老师,您在唱游教学过程中,有没有遇到过什么挫折?

陈　其实我的探索之路还是挺顺利的,因为有很多支持我的领导和同事,特别是我们学校的校长和市教研员郁文武老师,他们经常搭平台让我在市教研活动中带着学生展示、推广。当然当时也会有许多对唱游课不同的看法和意见。比如让学生用身体当乐器来学习音乐,有人认为拍手、跺脚、拍屁股,根本不是音乐;让学生随音乐节奏即兴律动,自主地表现迪斯科,也有人会说这简直是群魔乱舞,或者说这是"看不懂的音乐课"……当然,我听到这些话时也挺难过的,整夜睡不着,思考这样做对不对。后来还有老师觉得唱游课玩得太多了,影响歌唱……我觉得唱游当然是以唱为主,唱是音乐的基础，不能使音乐本身弱化或缺失。当时的老师基本上还是喜欢教唱游课的，学生也喜欢上唱游课，正是在大家的努力支持下，唱游教学不断在改进中提高和完善。我总告诫自己，教改道路上不可能尽善尽美，我所追求的是一切，是为了激发孩子的创新与个性。

名　陈老师，我曾经阅读过关于您的一篇报道《蓓蕾花开　硕果累累》，报道中写到，您在 20 世纪 80 年代就已经获得了全国教育劳动模范奖章，也把唱游教学成果推广到全上海乃至全中国。您是凭着怎样的信念一直坚持下去的？

陈　我离开教育岗位已经很久了，要发展唱游教学得靠年轻教师了，我想教育需要薪火相传，而且必须在薪火相传的根基上创新发展。我传承了陈鹤琴先生"活"的教育理念及一师附小的愉快教育思想。20 世纪 80 年代初，上海音乐学院的廖乃雄教授等把奥尔夫、达尔克罗兹等专家的教学法引入上海，郁文武老师带领我们音乐教师在大大小小的礼堂中一次次聆听哈特曼的讲课，一次又一次让我们参加许纳得夫人的手把手、面对面实践教学。这些培训平台让我开启了国际级的音乐教学视野，当时不管老教师还是青年教师，都如饥似渴地参加学习、参与培训。我们成立了三大教学体系的学习研究小组，边学边实践，学到一点就用一点。三大教学法的融入课堂，使唱游教学内容与方法都上了一个新台阶，对我们的音乐教育也产生了很大的影响和推动。面对中国国情，特别是生育政策放开、大班化的教学模式，课堂空间及资源会有局限，如何使中国元素、民族文化与国外先进教学经验融合，开创符合中国国情的音乐教学，我想这是时代对教育的期盼。不要忽视自己，别人的经验再丰富，总不是自己的，必须在学习、实践、融合、自创中培养多元的音乐教育接班人。我热切希望有更多、更适合国情。有中国特色的教育经验、教育理念、教育模式乃至中国的音乐教学法出现。

感谢老一辈的指点、扶持，感恩时代的造就，让我一生与唱游相伴。

名　您能介绍一下您的教学著作或者科研成果吗？

陈　由于自己基础较差，理论研究少，我的论文著作是很少的，大都是短小的案例或经验总结。我的文章《音乐教改之路的探索——我对音乐教改的认知》收入《中国著名特级教师教学思想录》（1996 年出版）；1999 年，专著《跳跃的音符——唱游教学》出版；1993 年，编写上海一期课改教材《唱游》（一、二年级）；2001 年，编写上海二期课改教材《唱游》（一、二年级）；2005 年，编写全国义务教育课程标准实验教科书《音乐》（一至六年级，12 册）；2015 年，编写小学拓展型课程教材《美丽中国》。

名　您觉得对于音乐教师来说，什么知识或技能才是最有用的呢？

陈　20 世纪 90 年代我就总结过作为音乐教师的自我要求。教书育人首先是育人，然后才是教书。作为音乐教师，首先是教师，然后才是音乐。而音乐教育是通过音乐塑造人，培养人，造就人，所以音乐是手段，育人才是目的。唱游教学是音乐教学的一个组成部分，在小学低年级阶段是通过唱游的手段去完成音乐教育的目标。作为唱游教师，应该做到"一个转变，两个爱，三个能力，四个基本功"。

"一个转变"就是转变教育观念。唱游教师要重视对学生音乐素质与音乐能力的培养。首先要面对全体学生。因为我们现在从事的是普通教育，在我们教育的学生中，将来去当音乐家的毕竟是极少数，而绝大多数学生长大后只能成为喜欢音乐、爱听音乐的人，即使有些学生将来会成为音乐家，但现在他还是普通学生，所以唱游教学的任务应该为众多的将来不是音乐家的学生着想。教学过程中不能优化少数，冷落多数，要面向全体学生，及时关注学生的个性发展。

唱游教师应该努力创造各种机会，在人人参与的活动中开发学生智力，培养学生的个性，提高学生的全面素质，让学生在愉快的音乐实践中，自觉主动地感受音乐，体验音乐，创造音乐。

唱游教师要重视研究教学过程，不单纯追求教学结果，培养学生学习音乐的兴趣，教会学生自主学习的方法，增强学生主动创造的意识。在教学过程中，师生共融，一起学习，一起游戏，一起活动，一起创造。

唱游教师要有"两个爱"，那就是爱唱游教学和爱学生。热爱唱游教学是做个好的唱游老师的动力源，只有热爱自己从事的唱游教学工作，才会孜孜不倦地沿着改革、创新的道路艰苦实践，努力探索，才会主动转变观念，悟出育人的真谛，才会在唱游教学中不断创造。

爱学生是教师应有的职业情感，用爱心培育出来的学生是一笔财富，学生需要知识，更需要爱心。作为唱游教师，不仅仅是教会学生几个音符、几个动作，而是用音乐去陶冶沉静的心，点燃智慧的火苗，塑造完美的心灵，而点燃学生心灵的火苗，需要教师的情和爱。学生是我们事业的目标，是我们服务的对象，教好每一个学生是教师的天职。

唱游教师还要有"三个能力"：从事课堂教学的能力、有组织课外音乐活动的能力和从事音乐教育研究的能力。

唱游教学的任务主要是在课堂中完成的，作为唱游教师必须具备课堂教学的能力，包括组织能力、讲解能力、演唱演奏能力、安排游戏活动和歌舞表演的能力等，同时更要具备备课、分析教材等能力。唱游是一种综合型的课堂教学，游戏活动是唱游教学的一个重要内容。教师要善于组织游戏活动，成为游戏的发起人、组织者、裁判员，这就要求教师眼观六路，寓知识于游戏，不断推陈出新，调整游戏的难易度，控制活动节奏，同时随时应对孩子们可能提出的各种各样的问题。教学能力是多方面的：唱游教师必须具备欣赏教学能力，对欣赏的作品有较全面的了解；有歌唱教学的能力，能用正确的歌唱方法声情并茂地进行范唱；有器乐教学的能力，能掌握一两件乐器的演奏方法并指导学生正确演奏；有理论学习的能力，以理论指导教学实践，进行教学总结，等等。唱游教学要求教师改变已有的知识结构，成为一专多能、多才多艺的综合型教师，基本的教学能力则是唱游教师的职业基础。

丰富多彩的课外音乐活动是课堂教学的延伸。唱游教师要具备较强的课外活动组织能力，并能扬长避短发挥自己的专长，开展多样化的课外音乐活动。

唱游教师更要具备"四个基本功"，这就是唱、奏、说、跳。

唱，指的是教师的演唱能力。唱游教学要求教师做到有感情地范唱：正确的歌唱方法（姿势正确、呼吸自然、发声圆润有情、吐字清晰等），良好的节奏、节拍、音准感，较强的艺术表现力，对歌曲的分析能力（包括歌词）。用优美的歌声打动学生。

奏，指的是教师本身的演奏能力。能富有乐感地进行演奏，具备包括看谱伴奏、即兴伴奏、边唱边奏的能力。

说，指的是教师的语言表达能力。首先，教师应使用正确的普通话进行教学和交谈。唱游教学面对的是低年级的学生，要求教师语言要生动、形象，具有儿童口语化的特点；课堂用语要规范，讲解要精练，教态要大方、亲切。

跳，指的是教师的表演能力。唱游教学要求教师能掌握基本的舞蹈步伐及民族舞的基本词汇，并能正确地示范，动作到位，具有一定的律动，有集体舞等的编创能力。

做一个好的唱游教师必须勤于学、勇于创，在教学实践中不断提高自己的教学能力，具备扎实的基本功。

教师是施教者，在唱游教学中发挥着主导作用。除了应具备的职业道德和扎实的教学能力外，唱游教师还要有一定的文化素养和审美修养，有广博的音乐基础知识和审美情操，有诲人不倦的教态和严谨活泼的教风，有敏锐的思维能力和教学应变能力，有灵活机动的教法和形象生动的教学语言，有饱满的情绪和优美的仪表、风度，等等。

这些教师的基本素养也是唱游教师特有的职业品格，正如乌申斯基说："教师个人的范例，对儿童的心灵是一束非常有益的阳光，而这种阳光是没有任何东西可以替代的。"夕阳无限好，落在晚情中，我想只要心灵不荒芜，人生就会绿荫丛生。我这一辈子始终在音乐课讲台上，做一个跳跃不息的音符。

爱之交响的谱写者

——访上海市第一中学音乐特级教师

张展英

张展英，出生于1947年，中共党员，上海市特级教师，先后任职于上海市第一师范学校、上海市第一中学等校。

毕业于上海师范大学，后在上海音乐学院研修三年。上海市音乐家协会会员，担任多届"双名计划"（新时代中小学名师名校长培养计划）培养基地导师，曾任市高级职称评审组组长、上海市特级教师评审委员会委员。曾获上海市中青年教学大奖赛一等奖，被评为上海市先进教育工作者、静安区"三八红旗手"、静安区优秀教育科研先进个人等。

张展英老师三十余年始终站在三尺讲台，坚持在中学音乐教育第一线，她提出的以艺术通识为纬，情感主题教育为经的"T型教学法"，力求打破单元界限，围绕主题使学生达到强化学习，并在两次教改中都发挥了积极有效的推动作用。

访谈时间　2018 年 3 月 29 日

访谈地点　上海市长安路安源小区张展英老师家中

名　张老师,您好! 据我们了解,您在 **1999** 年的时候就已经被评为特级教师。作为一位名师,您能和我们介绍一下您的专业成长生涯吗?

张　我是 1947 年生人,1966 届高中生,在 1972 年进入上海师范大学革命文艺系学习。之前仅有的艺术实践就是在市西中学做了多年文艺委员,实际上我没有什么很深厚的音乐基础,不像现在的孩子们在很小的时候就学钢琴,我们那个年代学琴的人不多,专业学唱歌的也没有几个。但我就是喜欢学音乐,我觉得能够听到音乐就是让我感到最幸福的事情了。那个时候虽然家里很穷,物质方面没有那么富足,但是只要能够聆听、享受音乐,我就会觉得很开心。

　　我在农场劳作过一段时间。田间、食堂、车间都是我放声歌唱的舞台,1972 年农场保送我到了上海师范大学革命文艺系进修班,没有学历,但是我已经十分满足了。然而去了以后,发现困苦也是难以想象的,我以前在农场里做木工,手指头、手掌都受过伤,每年冬天弹琴的时候,手指总是疼得刺骨,面对这样的困难,很多人劝我改行,我说我决不,我喜欢音乐专业,我不喜欢碰到困难就改行,这样永远不会有出路。况且,在师范大学学习的这两年间,我也深深体会到,国家为了培养我们花费了大量的精力和物力。我们的老师,如教文艺理论的孙锁逊,教声乐的黄凛,教钢琴的毛节美,教舞蹈的周蕴雪等,为我们这些几乎"零基础"又年龄很大的学生,付出了他们全部的心血,殚精竭虑,全心全意地教导我们。为了不辜负他们,我也要高质量地完成学业。

　　记得当时从上海师范大学毕业后分配工作,我被分到上海市第一师范学校做音乐老师,文凭不硬。上课平平,教了几年我就被调到上海市第一中学去做音乐老师。照理说很多人会因此一蹶不振,但是我没有,我冷静地对自己进行了全面的分析,分析的结果是,我能成为一名好的音乐老师。第一,我对音乐老师这个职业充满激情。第二,我爱学生,他们是祖国的未来,他们需要用音乐来塑造他们美好的青春和灵魂。更重要的是,我在一个很好的学校市西中学完成了中学的学业,培养了很好的学习习惯及宽广的人文视野。我看了大量的书籍,艺术门类涉猎广泛,音乐、美术、雕塑、话剧、戏曲都很热爱。虽然身体巨胖,但我喜欢舞蹈,经常会闻乐起舞。所以我觉得我上课的表达和人文素养方面肯定比别人好一点,这是我的特长,我的优势。在声乐方面我也挺不错的,有相当的基础.可以把声乐教学当作我的专业主攻方向,比如说搞合唱团等。

1983 年上海音乐学院招生,办了一个师范班,我参加了考试,虽然专业的成绩一般,但是我其他成绩都比较好,比如语文、政治,因此我荣幸地考上了。在上海音乐学院读书的这三年里,我感觉如虎添翼。老师们太棒了,马革顺老师教我们合唱,沈枚老师教我们视唱练耳,朱建老师教我们欣赏,他们都是很棒的老师。现在回想起那三年在职读书,很辛苦,但也是那么的幸福。通过学习,我深深地体会到,不能只为一纸文凭或者为了饭碗去读书。你一定要对自己所从事的事业有真正的了解,并且知道自己的长处在哪里,义无反顾、毫不后悔,全力以赴去努力,你才可以体会其中的快乐,实现自己的梦想。

在上海音乐学院学习三年,我增添了无穷无尽的力量和智慧。我开始组织合唱,进行个别声乐教学,探讨初中音乐教学法,并且发表了很多的论文。我为国际友人、国内同行开设了大量的公开课、示范课、教学讲座,获得了上海市第一届中青年教学大奖赛一等奖。我也参加过上海市布谷鸟学生音乐节,所有项目的一等奖我都拿过,也很少请别人来辅导。我觉得辅导学生参加合唱比赛是一件很快乐的事情,我看到了自己的能力,看到自己给学生带来了快乐。什么是教师魅力? 不是笼络学生,也不是要对学生多么凶,而是当他们听到自己的歌声一点点发生变化,从一片荒漠中的野草,变成绿草茵茵,然后又变成百花盛开的时候,他们就能体会到合唱原来是这么美好的一件事情。他们就会热爱合唱艺术,进而也爱上教他们合唱的音乐老师。

名　**您认为音乐教育的核心理念应该是怎样的? 您认为什么样的教学方法才是好的教学方法?**

张　1999 年评特级教师的时候,我就提出了自己的教学方法和教学理念。

当时我提出来的教学方法是"T型教学法"。"T型教学法"是什么意思呢？它是一个倒置的"T"。在音乐教学的课堂里面，"T"这一横代表美的土壤，它不仅是音乐，更是各种艺术的综合；一竖就是在艺术综合的前提下，形成主题教学法，它是音乐课堂郁郁葱葱的大树。你要在自己课堂的这45分钟里，围绕这堂课的主要目标——情感态度价值观来进行教学。我们的教材都有一个鲜明的人文主题，我们可以在开始的时候先回顾之前教过的内容，然后打破单元的界限。我举个例子，当时我教授歌曲《没有共产党就没有新中国》，我让同学们把我教过的、有关爱国主义的歌再听一遍，然后再听这首《没有共产党就没有新中国》，最后把后面要教的两段体的歌曲，比如《英雄赞歌》《我的祖国》给学生提前听一听。这样的话就打破了单元的界限，前后所有的东西，甚至课本之外的东西，都围绕主题进行强化。"T型教学法"不仅让学生的情感态度和价值观得到升华，还让学生形成他们的创造思维，强化他们的创作实践，提高他们的创作能力。

二期课改有一句很著名的绕口令"一切为了学生，为了一切的学生，为了学生的一切"，实际上我觉得这就是我们教学理念的核心。我从教三十多年，一切从学生出发，这根弦从来没有断掉，我一直在想怎么样让学生在我的课里得到最大的幸福感、最大的满足感。而这些幸福感、满足感不是稍纵即逝的，是可以影响他们的一生并且提升他们的能力的。有的老师上课的时候就在想，我怎么舒服怎么做，实际上你要想的是，学生怎么样能够真正得到提高，然后你再去做。学生上你的课不仅得到了音乐的美感，还感受到老师怎么样把这些美感化为他们的精神需要。老师怎么样把这些音乐当中的精华化成他们的能力，我觉得这是很重要的。

我的教学方法就是"T型教学法"，但是教无定法，我觉得教学方法的确立，要从自己跟学生的实际情况出发，能够达到我的教学目标的教学方法就是好方法。但不是每个人都能够达到全能，你要在长期的摸索中一点点明确自己的教学方法和教学理念。

名 您能和我们分享一下您的教学科研成果吗？

张 我之前做过"创造教育"的相关课题，1994年到1996年也做过有关爱国主义教育的课题。当时我的资料有几麻袋,每个对照班、平行班两三年的材料我都保留了下来,这些课题都有很多的素材积累。

什么是"创造教育"呢? 它是 20 世纪初兴起的教育思潮,以激发人的创造本性为前提,以批判性传授现代知识信息、培养创造技能为内容,以最大限度发掘人类创造潜能为使命,虽然它在传统教育的基础上发展、演变而来,但由于创造教育有自己赖以实施的特殊的依据和目标,所以它在具体的教学目的、教学内容、教学方法等方面均有别于传统教学。

如何在音乐教学中充分实施创造教育从而真正全面提高学生的艺术素养呢? 第一,要在感知欣赏中进行信息载体的积累。要提供给学生聚集大量信息的载体,让学生在分析、解剖、利用载体的过程中,逐步建立起识别、获取、解释、简化、优化、消化信息的能力。而在音乐教学中,音乐作品是音乐要素、情感宣泄的主要载体,因此在音乐教学中从欣赏入手,加强感知,是进行创造教育的第一步,它为创造教育最终目标的实现提供了感性材料的积累,打下了坚实的基础。

第二,让全体学生全方位地参与是创造教育的必需。创造教育注重创造,以学生对信息的创造性理解和对创造性思维方法的运用为评估标准。因此在感知、欣赏之后,在学生解剖、分析大量载体之后,在音乐教学中进行创作是音乐创造教育极其关键的一步。事实上,学生此时在美感的影响下,心中的创造欲望被大大地激发出来,他们急于在创造美的过程中充分发挥他们的想象能力、审美能力及创造能力。在这里我必须指出,在创造过程中,学生全体的参与十分重要,因为艺术创作是一种综合性的创造活动,它要求学生不仅要有创造性的思维能力,而且要有相当的表演能力。有的同学在创造的过程中往往因为遇到这样那样的困难就打退堂鼓,如果允许这些同学退出的话,就算有个别尖子生参与并在课堂上营造出一种热烈的气氛,也只是虚假的热闹,因为它违背了素质教育要面向全体学生的教育要求,不可能全面持久地提高学生的整体艺术素养。更为严重的是,这样做会使相当一部分同学的学习热情受到挫伤,使他们视音乐学习为畏途。

我做的第二个课题围绕爱国主义教育。上海市第一中学作为艺术特色学校历来十分重视爱国主义在各门学科中的深化。长期以来,我们为如何在初中音乐教学中加强德育渗透、进行生动有效的爱国主义教育进行了不懈努力和大胆的探索。作为音乐老师,我们也不断加强自身理论学习,提高师德修养,同时利用教育改革、艺术特色教育在我校的全面启动及教育转轨等大好时机,于1995年1月确立了区级教科研课题"爱国主义教育在初中音乐教学中的新探索",我们希望这一课题的实施能为艺术教育中爱国主义教育的强化提供理论与实践的典范。

名　您认为近些年名师基地的成立帮助上海中小学音乐教育在哪些方面有了显著的提高?

张　名师基地的成立我认为是有好处的。第一是让那些在自己的专业上有所追求的人,或者在一定领域有一定建树的人,得到一个更好的学习机会。我觉得这一点是很重要的,同时这也对当前教师工作的态势有一些好的促进作用。第二,我认为这对本学科人才培养梯队的持续性建设也是一个很好的举措。每一届都不断有人壮大名师基地,那么这个梯队就会逐步地形成。第三,我认为这加强了教师之间的协作。教师这个职业,一向被认为是"小农经济"的职业,严格地讲是老师自己单打独斗的。但是我认为,当下社会千万不要单打独斗。名师基地为骨干教师提供了集体作战、协同作战、互相鼓励、互相支持、互相帮助、合作学习的机会与平台,形成大家在一起互相研究、互相探讨、集体作战的态势是很好的。

名　在您从教的几十年过程中,有没有哪位老师对您的影响是比较大的呢?

张　我对所有教过我的老师都很感恩,我这个人最大的优点就是可以从每一个人身上找出我所需要的精神养分和学术养分。所有教过我的人,我都可以从他们身上得到一些东西。为什么我愿意做一个初中音乐老师? 因为我在市西中学时,初中高中都是同一位音乐老师,这位音乐老师对我的影响是深远的。这位老师现在移居美国,叫曹云芬,她是一位花腔女高音。她在市西中学做了几十年的音乐教师,培养出大批音乐人才与音乐爱好者。在课上,她用各种艺术手段让我们陶醉在音乐的美感中,她那婉转动听的歌喉、优美传神的语言至今令我钦慕不已。曹先生很爱她的学生,在我成了音乐老师之后,不管我遇到什么问题找曹先生,她总不厌其烦地帮助我,在她那里我感性地知道应该如何上好每堂音乐课,应该如何做一名优秀的音乐教师。

在上海音乐学院读书的时候,也有很多老师给我留下了很深的印象。比如说沈枚老师,她的先生是交响乐团的小提琴首席,第一天来给我们上课,她穿着一套雪白的西装。她所有视唱练耳的伴奏都是自己编的,那个和声真的是太美了。除此之外,还有很多老师给我留下了很深的印象,我觉得自己非常幸运,碰到的老师都很优秀。所以我要跟所有的老师、青年学生们讲,每个老师都有自己所擅长的,我们要看其他老师的所长,这恰恰是你需要去全力学习的地方。

我是很幸运的,从事了自己喜欢的职业,碰到很多好的老师,到现在为止还有很多学生爱着我,我也爱着他们。我觉得我知足了,我希望老师给我的那些美好的东西,都可以传承下去。从事自己心中所仰慕的职业,而且能够追求你仰慕的东西,你会有幸福感,这种幸福感会像泉水一样生生不息地涌出来。对母校、老师的感恩之情,一直在我心中存在着。

名　您有什么话想要对我们这些即将成为音乐教师的同学们说的吗?

张　你们要根据自己个人专业发展的方向来确定你们的教学方法。我前面讲教无定法,但是你要考虑,你的教学方法是不是凸显了本专业的特质。比如你把音乐课上成德育课,同学们是不喜欢的。学生只会说,真好听啊,真优美啊。好听在哪里?你要把音乐的特质,比如说情感特质,都在你的课里凸显出来。比如《小白菜》,为什么旋律线是向下进行的?这种旋律走向跟音乐形象之间的关系是什么,作为教师应该把它深度开掘。所以形成你的教学方法,真正能够找到直指学生人性的东西,要从本学科的特质出发,把音乐作品当中的精华和真善美生动地结合起来,呈现在他们面前,贴近学生的认知规律,我觉得这一点非常重要,这也是我在音乐教学生涯当中取得成功的很重要的因素。你是音乐老师,一定要把音乐当中的美,它的深沉的、正能量的东西,艺术地、生动地、有情趣地呈现在学生面前。

1999 年评特级教师的时候,我是这样想的,就算你有特级的头衔,你没这个本事有什么用？反之，你如果没这个头衔，但是你确实有这个能力，也可以。再者，如果我现在没有特级教师这个头衔，但是我对你们讲的这些话，你们觉得有道理，对你们的职业生涯有帮助，那就可以了。相反，如果我讲的东西不知所云，东一榔头西一棒槌，就算有特级的头衔也没有用。所以我觉得不要去过多地追求外界对你的评价，你把自己做强做大，就可以了。袁枚有一首诗："白日不到处，青春恰自来。苔花如米小，也学牡丹开。"你看三百多年前的这首小诗多有哲理。你努力地在自己的课堂里面找到快乐，不是就挺好的吗？

最后，给大家一个忠告，要有崇高的目标。我的座右铭是"美的代代相传是人类最壮美的事业"。你只有到达这个高度，才会做点牺牲，你才会去努力，才会认为苦是必需的，这是不可避免的磨难。虽然现在从物质上讲，我不是一个成功者，但是从精神上来讲，我觉得我太成功。到现在为止很多事情都是用自己的青春，用自己的全部生命换来的，而且我也一步一步地走到现在。这几十年中，我有过痛苦，但是没有悔恨，这样我就觉得很开心了。我觉得生命只有一次，我不想看自己在节节败退中度过生命，我就是这样一步步走过来的，我觉得我很幸福。但是我也有缺点，就是身体有点搞垮了，现在有一点力不从心，所以你们还是要爱惜自己的身体，爱护自己，爱护家庭也是很重要。

《心儿为美歌唱》

张展英

岁末,我供养了大捧的红豆、蜡梅,炽红艳黄,暗香浮动,美不胜收。嘱先生拍照挂在微信上晒,并附上黄自先生《踏雪寻梅》中的一句歌词:"好花采来瓶供养,伴我书声琴韵,共度好时光。"

《踏雪寻梅》是我喜欢的一首歌曲,但近几年来在吟唱这首歌的时候,我却往往会把"好时光"唱成"老时光"。一字之改出自以下两个思量。第一,我出生于1947年,至今已近耄耋之年,虽一切尚好,但也真真切切地到了人生的老时光了。第二,年岁愈老,怀旧愈烈,追忆老时光,几成当下思维活动的主旋律。稍得闲暇,回眸凝望,过去的人与事顿时生龙活虎、纤毫毕现地出现在眼前:父母的舐犊之爱,兄妹的骨肉情长,还有至今都纯如白纸的同学之情和母校、老师的培育之恩……

从进贤路幼儿园到上海音乐学院,我的母校共有六个,其中就读时间最长的是市西中学,长达八年。我经常说我今天取得的一点成绩都应该归功于母校,是市西中学塑造了我的灵魂,培养了我的能力,打下了我做人的基础。学校的校训是赵传家校长制定的"好学力行"。它简洁明了,立意高远,没有整天大肆宣扬,但毫不夸张地说,市西中学每一位老师的言行、每一节课、每一次活动都在教我们如何努力学习,刻苦践行,教我们如何做一个正直善良、人格独立、有本领、愿奉献的大写的人。

我是1966届高中生,我们这届学生与市西中学同岁。母校建校65周年之际,又恰逢《上海特级教师报》编辑约稿,我便把自己的一些有关母校与老师的文字与从教的感想呈现给诸位。饮水当思源,借此再一次表达自己对母校和恩师的深深的敬意。

我很幸运,一辈子遇到了许多好老师。我的老师身正为范,学高为师,他们给予我的平和无私的爱让我终生难忘。他们知识渊博,精通专业,风格迥异,个性鲜明,处处闪现着大智慧。听他们的课,如沐春风,如赴盛宴,快乐、满足充盈着我年轻的心。

　　语文老师葛十朋先生一身正气,一腔激情,他的每一节课都上得有声有色。在我们眼中,他常常幻化成书本中的各种人物,一个个生涩的铅字在他的口中化成一幅幅生动的图画。听葛先生的课,我常常处于如痴如醉的状态,可以这样说,当我第一次踏上讲台,我的血管中便下意识地涌起了"葛氏激情"。

　　数学老师丁鹏洲先生,我整个高一都在盼上他的课。温和的笑容,亲切的教态,丝丝入扣的推理,巧妙地引你进入迷宫,又用同样巧妙的方法使你得到"柳暗花明又一村"的顿悟。他的课令我真正体会到什么是逻辑美,丁先生给我的理性思维能力使我在教学中避免了东拉西扯、词不达意的弊病。

　　物理老师周瑞杰先生是特级教师,是带领我们在科学知识的海洋里遨游的高手,任何繁杂艰涩的定理他都会用深入浅出、生动直观的方法让你学会,上他的实验课我们全班都会兴奋不已。周先生用他那聪慧的大脑和灵巧的双手向我们展示了应该如何探究科学的真理与奥秘。

　　音乐老师曹云芬先生更是我的恩师,她在市西中学做了几十年的音乐教师,培养出大批音乐人才与音乐爱好者。在课上,她用各种艺术手段让我们陶醉在音乐的美感中,她那婉转动听的歌喉、优美传神的语言至今令我倾慕不已。曹先生更爱她的学生,在成了音乐老师之后,我遇到了什么问题找曹先生,她总不厌其烦地帮助我。在她那里我感性地知道应该如何上好每一堂音乐课,应该如何做一名优秀的音乐教师。

　　我的恩师很多,不能一一向他们致谢,但我想,对恩师最好的回报就是做一名优秀的人民教师,把老师给我的爱一代一代传下去。

　　1972年,我离开了崇明前进农场,进入上海师范大学学习,毕业后成了一名中学音乐教师。从教三十五年中,我像我的老师一样,把自己生命中最珍贵的一切——挚爱、智慧、力量、激情,都奉献给了学生。爱是互动的,当我看到孩子们纯净的双眸柔柔地注视着我时,当我捧读着孩子们写满深情话语的贺卡时,当我被邀参加一个又一个学生的婚礼时,我的心中充满了幸福和满足。

　　2006年,我退休了,不在三尺讲台前教学生了,工作重心转移到培养青年教师方面,担任导师,带教各层面的骨干教师。备课、评课、专题讲座……

整天也忙得不亦乐乎。说实在的，每次接受带教任务，我的心中便会唱起"忐忑"。我的徒弟们都很优秀，远胜于我。比如我带教的上海市"优青培养"教师、嘉定区苏民学校青年教师余珂。他多才多艺，会谱曲，曾出版苏民学校原创校园歌曲专辑《七彩校园》，专辑中的歌曲风格各异、旋律优美，配器也由他一手担当。他带的管乐队也很出色。他的所长恰恰是我的短处，面对这种情况，我常常会问自己：我拿什么奉献给你，我的徒弟？答案是：像我的老师一样，捧出一颗赤子之心——这颗心至今涌动着对学生真诚的爱和面对音乐学科的大美而迸发的激情。正是因为拥有了这真爱和激情，我才会与他们一起摸爬滚打在音乐、艺术教育第一线，一起学习、研讨，一起实践、成长。为了让徒弟们对如何上好一堂音乐课有更多感性的认识，我会主动要求为他们开课。我在课堂上又唱又跳，使尽浑身解数让学生沉浸在艺术的大美之中。我在心里向年轻人呼唤着：看啊，音乐课是可以这样上的，学生是应该这样爱的。我会不顾病体与区骨干教师一次又一次地一起备课、评课，传授自己的经验体会。我虽然说得口干舌燥，仍旧精神抖擞。我用自己的言行告诉"余珂们"，对待自己的事业要有献身精神，对待自己的同行者要用火一般的热情去扶持和帮助。

　　行文至此，我脑海中出现了这样一个情景：一个身躯沉重的老太太，举着一只镌刻着"真理"与"大美"大字的火炬奔跑着。虽然步履蹒跚，但她内心却在歌唱，因为她的恩师给了她巨大的榜样的力量，因为无数优秀的青年教师就在前方。爱与美的代代相传是人类最壮美的事业。她相信，当青年教师举起这火炬时，火炬定会发出更为炽烈而璀璨的光芒。

（登载于《特级教师报》2014 年第一期第四版）

音乐教育的灵魂工程师

——访上海市民办丽英小学创办人 孙幼丽

孙幼丽,上海市特级教师,曾任虹口区崇明路小学音乐教师和副校长,现任上海市民办丽英小学校长。

获全国劳动模范、全国优秀教师、上海市先进教师、上海市"三八红旗手"、虹口区拔尖人才等荣誉称号;1995 年被国务院授予"全国先进工作者"称号并享受国务院特殊津贴。她编排、指导的器乐、舞蹈类学生节目先后七十余次获区、市、全国级奖项;论文、试验报告共计三十七篇在上海市、全国乃至国际刊物上发表,主编、撰写论文集两部,先后主持实施市级、国家级教育科研课题四项。

孙幼丽老师于 1978 年开始参与音乐教学改革,首创将五线谱引入小学音乐课堂,并借鉴德国奥尔夫音乐教学体系。她为国内音乐教学走向现代化做出了开拓性的贡献。

访谈时间　2018 年 3 月 26 日下午
访谈地点　上海市民办丽英小学二楼校长办公室

名　孙老师您好,从虹口崇明路小学的一名音乐教师到民办丽英小学的校长,您一直兢兢业业地奋斗在教育一线,是什么样的契机或是动力鼓励您创办一所具有艺术教育特色的民办小学呢? 能跟我们分享一下其中的心路历程吗?

孙　办校这件事情要追溯到二十年前了。那时我是崇明路小学的一名音乐教师,后担任副校长一职,分管学校的艺术教育工作。崇明路小学在当时已经成为上海市一所有名的艺术特色学校,它的艺术教育在全国都是很有名气的。当时,国家为了弥补优质教育资源的不足,鼓励“名校办民办”,我积极地响应并促成了这件事情的成功。虽然我当时不是正校长,但是我跟我们正校长都认为这是一件好事。我也一直有一些自己的想法,希望看看是否能够通过办民办学校来更好地实现我心中的梦想。

　　当时我从教已经差不多三十五年了,通过一系列申办程序,民办丽英小学诞生了。起初我们是从两个班开始办起的,地点就在崇明路小学里面。一年之后,应规范办学的要求,民办学校必须独立发展,要有独立校舍,要独立办学,于是我们就从崇明路小学分离出来。正好那时离我退休还有一年的时间,我就离开了崇明路小学,来到民办丽英小学担任校长。这所小学办到现在一共二十年了,这二十年真是不简单的二十年啊! 是奋斗的二十年,也是不断求新的二十年!

名　孙老师,您在办学过程中始终坚持的核心教育理念是什么?

孙　丽英小学办学的教育理念有三点:以多元智能开发学生的智慧,以艺术教育张扬学生个性,以现代信息理念奠基学生的未来。

　　第一个理念是“以多元智能开发学生的智慧”。“多元智能”就是要充分发挥学生的聪明才智,我们的教学一定要把学生教“活”,使学生自身的能力变强,将来为社会服务的能力变强。每个孩子身上的潜能都不一样,我们应该开发学生自身的潜力来促进他们更好地学习,不仅能使他们在某一方面得到很大的发展,还可以通过优势带动其他各个方面的发展。我觉得小学里的所有课程对孩子的一生都是很有用的,我们还是要鼓励孩子学习好所有课程的知识,并把这些知识变成自身的能力。有的孩子天生有艺术细胞,音程感很好,节奏感与生俱来,或者很有想象力,形象思维特别好,那么他就很适合学习音乐,在音乐方面我们就可以给他很大的发展空间。同时,我们还是要鼓励他语文、数学、外语和其他学科的同步发展,希望他可以通过艺术的优势带动其他各方面的进步。有的孩子数学思维能力很强,他的逻辑思维能力和空间思维能力特别突出,像这样的孩子,我们给他一定的机会去发展他的数学能力,同时又鼓励他把语文、外语、音体美等各种科目带动起来。所以我们的第一个办学教育理念"以多元智能来开发学生的智慧"必须坚持秉承。每个孩子有他的特点和优势,我们把他的优点发扬出来,就能有效地带动其他各个方面的进步。

第二个理念是"以艺术教育张扬学生的个性"。我一生都在从事艺术教育工作,在这个过程中我发现,从事艺术的人由于一直在发展形象思维,所以在生活中都有着丰富的情感,情商也比较高。音乐是时间的艺术,在这个过程中教师一直引导学生欣赏、感知一些真善美的东西,对学生情感的培养、个性的培养都特别有好处。我们需要培养的孩子是活泼、开朗的,很有表现欲望的,在我们的学校里,孩子都是很开朗、很开心的。我经常问他们:"你们觉得在学校的生活得高兴吗?"他们都表示很高兴。有的孩子就算身体不好也吵着要到学校来,因为他在家里觉得很孤单,到了学校这样的环境里,他觉得学习是很开心的一件事,不仅和同学相处得开心,和老师相处得开心,学习课程也让他觉得很开心,整个的学习生活是很愉快的。我在整个办学的过程中特别强调活动,因为活动是孩子们最喜欢的东西,教师可以通过活动目标进行品德教育、学科教育和艺术教育,通过活动让孩子们增长能力和才智。教师还可以通过活动来培养他们的自信心,让他们热爱生活、崇尚生活,让他们感觉在这个世界上生活得很幸福。所以我非常强调"以艺术教育张扬学生的个性"这一理念的实行。

最后一个教育理念,也就是我们二十年为之而奋斗的目标——"以现代信息理念奠基学生的未来"。我们学校有两个特色:第一个是艺术教育,第二个就是信息教育。二十年来我们将信息教育直接与学生学习挂钩,与改变课堂教学挂钩。"如何使孩子学得愉快,能不能通过信息技术的介入改变教师教课的方式和学生学习的方式?"这是我们一直在努力的方向。所以这所小学成立的时候我就有一个想法:要将它办成一所现代化的、具有信息化教育特色的学校。二十年前我就相信现代信息技术将来一定会颠覆教学方式,因此当时我们把信息化教育纳入了特色办学方向。二十年来我们为此而奋斗,直到现在,我可以特别骄傲地告诉你,我们的信息化教育在上海乃至全国都是很有名气的,被教育部评为首批教育信息化试点优秀单位,上海只有七家单位获此荣誉,我们是其中一家。最近刚刚得到了一个消息,我们的课题成果已经被评为上海市基础教育教学成果一等奖,并被推荐申报到教育部,参加国家级教学成果评比。二十年来的耕耘,现在终于有了一些收获。

　　我在公办学校工作了三十多年,关于艺术教育我也足足研究了三十多年。三十多年来我积累了很多比较成功的经验,我的办学目的就是将它们发扬实践。而信息化教育当初的确是从零开始的,所以我们着力于研究信息化教育,改变课堂中老师教的方式和学生学的方式,与教学深度融合。现在我们在研究一个信息教育常态化的问题,不是上几节课来点缀,而是使信息化教育在我们学校的课堂中能够更加普遍。要真正做到让信息化教育改变教与学的方式,是个非常难的事情,还有很长的路要走,但是我们不忘初心,坚持走下去!

名　孙老师,您在执教或是办学过程中有没有印象深刻的经历,让您在某一瞬间觉得自己一路的努力和坚持都是非常值得的?

孙　这个真是太多太多了!作为一名教育工作者的历程在我的整个的生命当中是很长的,五十多年来我都在小学教育第一线,无论是做音乐老师,还是现在担任校长做行政工作。我现在七十二周岁了,在教学和办学过程中,很多事都很值我回味,很多经历让我觉得我没有白做,没有白干。

　　我们在推进奥尔夫教学、柯达伊教学和达尔克罗兹教学的时候,我就觉得有学不完的东西,每一样都令我眼睛一亮。像奥尔夫教学法,它是通过多样的方式培养学生的节奏感和音准感；还有柯达伊教学法中的柯尔文手势，对音准的训练也很有讲究。所以当时我学习了教学法的知识后，回到学校立马就用到课堂教学中去了。我认为自己作为一名普通的音乐老师，就应该认真地学、认真地用，学以致用会让人感到心里非常充实。记得有一次到音乐学院去开课，场面很大，当时我就在想，参与讲课的都是音乐学院的老师，专业水平都很高，而我只是个普通的小学音乐老师，从上海市第一师范学校音乐专修班毕业，钢琴水平也都很基础。但我没有退缩，我就把自己当作一名"小学生"，在音乐家和音乐学院的专家教授面前，我是来学习的，给老师、专家看看我的教学，没什么可怕的。当时上海教育电视台刚刚成立，就给我们几位上海的老师制作了一些音乐课的录像。所以学到了新的东西，开成了一堂课，这些经历是印在我脑海中的，有很深刻的记忆。

　　做老师的这个过程给我一生带来了很多很美好的回忆，我觉得没有辜负自己的青年时期和中年时期。在青年时期和中年时期，我奋斗在教育第一线。退休以后到现在二十年，我又继续奋斗在校长的岗位上。我办好一所学校，老师们每一堂课的成功教学，每一位老师职称评定成功的结果，都让我觉得没白度过这一生。

名　孙老师，您的职业生涯中有没有对您影响很大的人生导师？

孙　有啊！我做音乐老师的时候，上海有几位专家对我的帮助很大，比如崔启珊老师、郁文武老师等。崔启珊老师原来是行知艺术师范学校的校长，她很有想法，也很懂音乐，能够把音乐和理论结合在一起，我们那个时期的几位特级教师都受到了她的培养。当然还有郁文武老师，当时是市教委教研室的音乐教研员，我们的"总司令"，他对我们也提出了很多要求，同时给了我们很多机会。另外还有我们自己学校的一些领导以及区教育局的领导。如虹口区原人大常委会副主任、副区长姚宗强，她曾担任虹口区教育局党工委书记、局长。前后几任局长也都对我们有很大的帮助，他们非常支持我开展艺术教育工作。特别是当时在虹口区成立幼丽艺术协作学校，它和上海市第五中学以及华东师范大学第一附属中学合作，还与艺术幼儿园相衔接，办成了从幼儿园到小学再到中学的"一条龙"的艺术教育形式。这样"一条龙"的艺术培养形式受到领导的支持。这些领导、专家都很惜才爱才，让我们这些有理想有抱负的人，能够在自己的岗位上不断地探索、领悟，他们都是影响我一生发展的导师和恩师。

名　孙老师，您在办学的过程中有没有遇到过大的挫折？您是如何克服困难并坚持下来的？

孙　民办丽英小学的校舍最早在塘沽路，是崇明路小学的一个分部，只有一幢很小的楼和一"条"操场。我为什么用"条"来形容呢？因为它就像一条弄堂，又窄又小。我们就在那里办起了两个班，然后再到四个班、六个班、八个班、十个班，每年两个班的增长速度。当办到十个班的时候，学校也已经办到第五年了，五年校庆就是在这样一个很小的校舍里举办的。在这个过程中，老师们团结努力，学校逐渐办出了一些名气，报名学生的数量也很多。

　　说到那时候有什么困难，困难大着呢！第一就是经费困难。在只有两个到四个班的时候，我们要养活一个学校，经费已非常紧张。何况学校的所有老师都是我们请来的，都是要付全职工资的，因此开销也比较大。第二就是校舍太小了，已经没有一点点可施展的空间了，只有这么十间教室，已经阻碍我们的发展了。而且这时候生源也越来越多，学校也办了几次对外开放活动，请了一些市、区的领导和专家过来参观，大家都觉得这个学校的办学理念很新颖，学生也培养得很好，就是校舍太小了！后来正好有一所虹口区的民办学校另选了一个校址搬出去了，它原先租借教育局的校址就空出来了。在教育局的帮助下，我们丽英小学就搬到了这里，这里就是我们搬过来以后的校址（广灵二路89号）。这个校舍当然比我们以前的要大得多，原来只有两亩地，现在有了六亩地，我一看心里就很高兴，有了这么一块地方，我们地方太小的困难解决了。

　　随着生源越来越多，学校发展到二十个班级，我们的经济状况也逐步好转了。虽然收费不高，但是当时公办学校教师的工资比较低，民办学校教师会略微比他们高一点。然而随着这几年国家加大对公办学校的投入，公办学校教师的工资直线上升。民办学校的收费标准需要政府的批准，费用一直没有加或是加得比较少，所以我们现在的收费也还是比较低的，因此我们教师的收入也比较低。我们学校现在规定一个班级 40 个学生,二十个班级就是 800 个学生,校舍不大,生源虽然绝对充沛,但也不可能再扩得很大。这两年政府对民办学校还是比较支持的,学生的生均经费解决了。我们办特色学校,政府也奖励了一些专项经费,但是这些都不能用在提高教师待遇上,只能用在提高学生待遇和添置设备上。这样一来,经费问题就成了我们现在面临的最大的困难。

经费问题我没有办法,我有办法的,就是用比较先进的教育理念来培养学生,使学校能够走上比较现代化的一流学校的道路,这个是我们应该兢兢业业去做的。"一切为了学生,为了学生的一切,为了一切的学生。"这是我们的奋斗目标,也是我们的办学宗旨。

名　孙老师,您首创将五线谱引入小学音乐课堂。您认为五线谱教学对于小学音乐教育起到了哪些关键性的作用?

孙　五线谱是国际通用的,它跟简谱不同。简谱的优点是简单好认,但是它的概念太数字化了,而五线谱是由五条线四个间组成的,看着不同音高的音符在五线谱上不同位置的排列和组成,整个旋律线条就一目了然了。有时候我们跟学生分析音符的排列走向,如果音符集中在中音区,旋律走向就比较平和,音乐的情绪也是很平稳的。五线谱可以比较清楚地把这些都表现出来。所以真正要讲音乐性的话,我还是赞成用五线谱的,它作为国际性的乐谱更加具有科学性。

国际上都在用五线谱,为什么我们中国的孩子不能学五线谱? 当时我们就很关注这个问题。正好那时上海市成立了一个推广五线谱的小组,我就积极地参加了这个小组,而且积极地带头引进五线谱。事实上引进五线谱以后,我觉得我们更加跟国际音乐教育接轨了。无论是贝多芬还是莫扎特,他们的乐曲都是在五线谱上呈现的,学生要能够看得懂这些大音乐家的作曲,就需要学习五线谱。像《命运交响曲》这种闻名世界的宝贵作品,学生可以通过阅读五线谱了解贝多芬创作时的心情,理解他的创作意图,更好地通过演奏和演唱去表现这些作品,同时也抒发我们对美好世界的认同感。所以我觉得五线谱还是非常有用的。

五线谱的运用应该坚持下去,特别是对上海这么一座大城市来讲,要想成为国际化的城市,总得要样样"知己知彼"。我们的音乐教育包括识谱工具等,都应该跟国际更好地交流。事实上我们这么多的钢琴家,这么多的乐器演奏家,这么多的合唱队伍能够进入世界级的殿堂,用的都是五线谱,所以我觉得五线谱的教学对学生的音乐学习是很重要的。

名　孙老师,您曾谈到"学校欢迎怎样的音乐老师"这个话题,您认为新入校的老师普遍会存在的问题有哪些?

孙　你们当代的青年,从专业角度来讲绝对是胜过我们的,你们都是从小学琴,你们的钢琴都是准音乐家的水平,你们进入学校以后,学校老师又不断地在为你们增加很多知识。所以你们无论是从知识、技能还是个人素养的角度讲都是专业的,肯定能胜任小学教师的工作。但是现在新入校的老师有共性的问题。你们这一代人大多数是独生子女。独生子女的弊病,就是自己个人的奋斗目标不够清晰,不太能够吃苦。因为现在独生子女们家庭环境好,生活水平都很高,所以对自己个人的追求,想要实现怎样的理想,如何树立远大理想去奋斗这些方面,认识还是有所欠缺的。我总觉得"穷人的孩子早当家",这句话一点不错。人穷了,往往奋斗的精神就会更好,躺在甜水里长大的孩子,往往缺乏奋斗的动力。当然,不能以偏概全,有些年轻教师还是很不错的。

在学校工作确实有艰苦性,你要做成一个事业,或者做成功一件事情,肯定要花很多的精力。想当初我是没有周末的,也没有寒暑假,天天待在学校里探索艺术教育。这一点工作的艰苦性和工作的毅力,新入职的老师会比较缺乏,总是觉得这件事太艰苦了,工作太辛苦了,容易出现情绪的波动。

我觉得现在音乐教师需要加强的是个人的魅力培养、毅力培养、进取心培养和创新能力培养,这些是需要在你们这一代人身上体现出来的。比如我们学校的两位音乐老师,他们就很辛苦。老师每天面对这么多的小学生,不仅要把他们的艺术素养培养好,还需要通过大量的活动,创设很多的机会,让学生能够不断地接受锻炼。这不是唱两首歌就能解决的问题,所以这份辛苦可想而知。但是我相信,我们年轻教师只要肯努力,一定可以培养起吃苦的能力、奋斗的能力和创新的能力。

名 您是否可以给新入职的老师一些好的建议,促进他们快速地适应自己的教师工作?

孙 新入职的教师已经在大学里学习了很多的基础知识,也听了一些成熟教师的课程。首先,在听课的过程中年轻教师要懂得虚心学习,要经常琢磨老师为什么这样上课,知识点是怎样教的,学生的音高和节奏感是如何培养的,在整个歌曲的演唱中学生的情感是怎样引导出来的,等等。这些都要在听课当中去关注。其次,新教师应该认真地去向优秀的教师取经,等自己到了工作岗位上,不要怕失败,不要怕挫折,努力地将知识学以致用,要相信自己有能力做好。新入职的教师到了一所学校以后,肯定会把之前学校老师教的东西很明显地反馈出来进行教学,在这个过程中,仍然需要不断地到外面多听课,多听一些老师的指导。我们不能因为已经成为一名教师,就认为学习结束了。其实当上一名教师是另一层学习的开始。过去在学校里学的是将来应该掌握的本领,现在开始学的是如何成为一名合格的教师以及做好一名教师必须具备的知识和素养。要在长期的实践过程中,持之以恒地学习,不断地进步。

我想我毕业的时候也有着和你们有一样的想法和困惑。我 18 岁中等师范学校毕业就到学校做老师了。1964 年我刚到学校的时候,真的是什么都不懂,就会弹几个曲子,唱几首歌,靠这么一点点基础一步一步做到现在。所以,工作一定要倾注满腔热情,不要怕失败,要积极地学习,学会反思,每上好一堂课要想一想:"今天我这堂课成功在哪里? 不够在哪里?"经常反思会促进自己不断地进步。

名 据我了解,现在社会竞争的环境下,"幼升小"成为很多孩子人生中的第一道关卡。您作为一所民办小学的校长,如何看待大环境下家长对于孩子"学不够,怕掉队"的焦虑心态? 能否给现在的家长一些好的建议?

孙 我觉得现在的社会是有点过"热"了。其实在幼儿时期,培养孩子良好的习惯是最重要的。譬如一个孩子坐着听老师讲课,他要有听的能力,要有一定的专注度,这就是一种习惯。又譬如,一个孩子能够在课堂里积极开动他的小脑筋,专心地听讲后能够积极举手发表他的意见,这种表达能力也是一种习惯。这些好的习惯是应该在幼儿时期就铺垫好的。

现在我们的社会在不停地转,恨不得孩子能够多学一点。有的家长希望孩子的识字能力在进小学之前达到几百个字甚至几千个字,数学能够做十以内甚至一百以内的加法减法,等等,这些都是知识性的学习。我不赞成知识性的东西要学这么多,而赞成培养孩子良好的习惯,与同学友好相处的能力,以及能够与其他孩子合作的团队精神。家长可以经常带孩子到公园或者动物园去玩,让孩子能够认识很多的小动物,或者阅读一些课外的有插画的书籍,让孩子能讲得出里面的一些小故事。孩子们能学会思考,能增长见识,这样的培养才是应该的。识多少字,会多少加法减法,我觉得这个并不是很急迫,什么年龄学什么东西。孩子上幼儿园,是培养他们好习惯、好品质的时候,不要急于把很多的知识灌输下去。如果家长只是一味地追求知识,甚至在双休日把孩子带到各个地方去拼命地学,孩子在教室里就未必再肯好好学了,反而把习惯养坏了。例如有的家长希望自己的孩子在上小学之前就把拼音都学完,这是很没有必要的。拼音是很有科学性的东西,小学老师的教学会更加规范,孩子很早就到外面去学,说不定读音都学错了。所以我主张,孩子在幼儿、小学这个阶段可以学一点适合他们年龄的知识,然后通过学习这些知识去培养好的习惯,这才是最重要的。现在学校里毕竟还是班级授课制,不是一对一的教学,一个老师要面对三四十个学生,学生必须有倾听的习惯和好的学习习惯,将来才能更好地在小学学习。

合唱教学的幸福人生

——访原上海市杨浦区打虎山路第一小学音乐特级教师顾丽丽

顾丽丽，出生于1941年，中共党员，上海市特级教师，曾任上海市杨浦区长白一村小学校长。

上海市教育学会中小幼音乐教学专业委员会副会长、秘书长，中国音乐家协会会员，上海音乐学院音乐教育系"国民音乐教育改革实验室"教研员。担任《上海市中小学合唱教程》编委、《古诗吟唱》副主编、《音乐小世界》编委、《儿童合唱》主编以及小学音乐一期课改教材编委。被评为全国"五讲四美"为人师表活动优秀教师、上海市优秀教师、上海市劳动模范、上海市优秀艺术教育工作者等。

顾丽丽老师致力于儿童音乐教育及童声合唱，注重儿童在合唱中发声、音准、节奏、呼吸及咬字吐字等方面的训练，让学生在合唱中切实体验成就感。

访谈时间 2017 年 8 月 18 日上午

访谈地点 盛大花园小区顾丽丽老师家中

名 **顾老师您好！您能给我们简单地介绍一下您的教师生涯以及专业成长历程吗？**

顾 我很早就参加工作了,1959 年的时候走上了小学音乐教师的岗位,那时候真的很年轻。我当时就读中专,毕业于上海市第一师范学校,这是一所非常好的学校。在音乐方面,不管是钢琴还是声乐,我都表现得特别好,当时在学校里属于比较出彩的。毕业以后我到小学担任音乐老师,到现在已经快六十年了,想想时间真的过得很快！

我喜欢学生,也特别热爱儿童音乐教育,如果不是真的热爱,就不会在这个领域用心干出一份事业。我当了两年音乐老师之后,认为自己需要学习一些管理方面的技能,所以就跟校长提出是否可以担任班主任。当时做班主任一定要教语文或者数学,因此我选择了去当语文老师。在当语文老师兼任班主任的这一段时间里,我仍对音乐感兴趣,虽然当时我不是音乐老师,但音乐老师们都很信任我,让我去协助他们。所以,我经常利用业余的时间帮助他们排练合唱等文艺演出,我们互相学习,分享经验,共同提高,那几年我们的教学生活一直就是这样。我认为在音乐的学习不仅可以培养学生各方面的能力,还可以培养他们的思想品德,并教会学生如何做人,完善他们的人格。比如,学生们歌唱时的站姿和坐姿、歌唱的状态、声音的训练、乐理知识的理解、情感的表达等,都是音乐学习的内容。1969 年,学校新开一门外语课,尽管当时师资缺乏,也无经验借鉴,但经过校长的一再推荐和自身多年教学经验的积累,我还是努力完成了教学任务。1972 年,我又重新选择了做一名音乐教师,直到退休。

我还是一名中青年教师的时候,很幸运能够遇到一些优秀前辈们。广受尊敬的音乐教育家郁文武老师是对我帮助提携最多的一位前辈,他是当时上海市教委的音乐教研员,同时担任上海市中小幼音乐教育专业委员会会长。郁老师对身为副会长、秘书长的我悉心指导,使得专业委员会的工作得到长足的进步发展,在中德、中日等国内外音乐教育交流上,获得很多成绩。还有一位对我非常重要的前辈是崔启珊老师,我曾多次邀请崔老师作为音乐公开课的指导老师。20世纪80年代,崔老师带领我们一批上海优秀音乐教师代表去福建讲学。还有林振地、程金元、伍崇焜等恩师们,他们在童声教学和音乐教学方面颇有造诣,教授我许多合唱指挥的教学方法。另外,还有上海音乐学院院长江明惇,上海音乐出版社小学教材主编陈学娅,上海音乐出版社汪玲、李丹芬,上海市教育局艺术教育委员会王丽华、杨寿康等优秀前辈们,他们都曾帮助我在教师专业道路上不断地成长、进步。

经过多年在专业道路上的专注和精进,我逐渐形成了自己的教学风格。在教学中,我会关注到每一个学生,所以我的课上得比较"活",上得很精彩。回想起自己第一次的公开课,我教授的歌曲是《问妈妈去》:"去年啥哟啥我比谷子高,今年啥哟啥我比谷子低,为啥我今年没有长?啥哟嗬,啥哟嗬,回家问妈妈去。"这首歌表达的是对农业大丰收的喜悦。那时候我还很年轻,中专毕业后才18岁,大家都称赞说:"这个小姑娘上课怎么上得这么好!"少年宫、区教研组也派人来听课。在唱歌教学方面,我教得好是有多种原因的。一方面,受家庭环境的熏陶以及教育的影响,我从小就喜爱唱歌,并逐渐爱上音乐和音乐教育,所以我认为家庭教育与学校教育同样重要。另一方面在于我灵活多元的教学方法。在教学过程中我能够关注到每一位学生,乐于和学生们互动,营造童趣化的教学氛围。我善于采用游戏教学法,使教学语言更为形象化,在游戏中教会学生相关的音乐基础知识和技能。比如,通过玩"开火车"的游戏,来初步学习和声方面的知识等。同时我也学习了国外先进的三大教学法——达尔克罗兹体态律动教学法、奥尔夫教学法和柯达伊教学法,并将其本土化运用到音乐教学当中。当时我和上海几位优秀音乐教师互相切磋、共同进步,形成了至今影响颇深的教学特色。其中陈蓓蕾的"唱游教学",我和刘德昌的"合唱教学",孙幼丽的"节奏教学",张瑞华的"器乐教学",都成为具有代表性的教学方法。在音乐教学中,我还提出了十六字方针:以乐育德,以乐促智,以乐健体,以乐激趣。

我的音乐教师生涯也因为我的热爱和努力而开满花朵,一路芬芳!

名　您所带领的合唱团在发展过程中收获满满,可以跟我们分享一下您的教学经验以及成果吗?

顾　当时我非常重视全校的歌咏活动,自行组织起一个"班班有歌声"的活动,要求每个班级的学生都要唱歌,并在全校举办了比赛。后来我在学校组织了合唱团。合唱团都是自愿报名参加的,只要是喜爱唱歌的学生都可以加入这个团体。我当时任教的学校是长白一村小学,是一所工人子弟学校,家长很多都是工人,文化程度不高,但他们的孩子在我们的教育下各方面都慢慢地提升了很多,家长们都特别开心。

1978 年迎来了文艺的春天,当时我推行了全校的歌咏活动,邀请了区和市的音乐教师来参观交流。此外我还组织了全校的集体舞、朗诵比赛等活动,学生们的各种能力都因此得到了锻炼。1979 年在上海市少年宫吴克辛主任的邀请下,我带着我的合唱团向全市的音乐老师作相关介绍。当时大剧场里面坐满了人,我带领着合唱团,一边介绍一边唱。与此同时,上海人民广播电台也邀请我的合唱团去录音,学生们的童声明亮清脆,特别好听,特别纯真。当时上海人民广播电台经常传出我们孩子的歌声,所录制的歌曲《红领巾扫雪队》还被灌录成了唱片,我们还被邀请为电影配插曲。1980 年,我被光荣地评为上海市优秀教师。当时评选整个上海市从幼儿园到高中的教师只有一百个名额,《文汇报》上还刊登了我们的照片。1983 年,我又被评为全国"五讲四美"为人师表活动优秀教师和上海市劳动模范。在 1980 年到 1985 年这段时间,我连续两届被选为杨浦区人大代表,每一届任期三年。从 1985 年起,我开始担任上海市长白一村小学副校长。在那之后,我继续从事合唱教学。1993 年,我带领长白一村小学合唱团在上海音乐厅向全市小学音乐教师示范,介绍歌曲《阳光牵着我的手》(徐思盟作曲),受到了大家的一致好评。回想起来,我觉得我要感谢时代的造就。

在多年的合唱教学实践中,我也积累了一些宝贵的经验,在此与大家分享。

第一,重视课堂的发声训练,加强趣味练声曲和专业性练声曲的训练。教师要根据不同年龄阶段学生的特点创编适合的练声曲目。例如,为低年级学生创编简单易记且节奏明快的小动物主题发声曲;对于中高年级学生,则可以增加难度较高的专业性发声曲，并逐渐引入更多声部的配合，包括两声部及三声部的练声曲。同时还要注重培养学生正确的演唱姿态，包括演唱时的站姿、坐姿，要做到身体挺直、头部端正、肩部放松，指导学生如何用正确的气息演唱，口腔、喉咙如何充分打开，还要引导学生通过眉开眼笑的表情来放松脸部肌肉，以达成更好的发声效果和全身心的放松。

第二，运用多种趣味的教学方式加强音准训练。音准训练是合唱教学中最关键的一个环节，因此，教师要设置多种趣味性的练习方式，让孩子们在愉快的情境下逐渐提高对音高的敏感度和掌握能力。具体方法包括采用听音、模唱、视唱等多种训练手段，借助柯达伊手势等视觉、听觉和身体动作相互融合的方式来感知音高位置。

第三，循序渐进地持续进行节奏训练。教师可以从最基础的四分、八分和十六分音符的教学入手，同时利用游戏化的方式，如达尔克罗兹教学法，充分调动学生的学习积极性，使学生在互动玩耍中体验并逐步掌握节奏的特点。教师也可以通过出示简单节奏图示或实物教具，如节奏卡片，引导学生用不同的身体动作，如拍手、跺脚等拍击不同的节奏组合，然后再逐渐过渡到复杂节奏（如切分音、附点音符）的训练。

第四，合唱的核心在于重视学生咬字吐字和呼吸技巧的训练。低年级采用自然歌唱的方式，中高年级则运用循环呼吸的方式，可通过练习长音、短音以及哼鸣来提升。循环呼吸会使合唱团整体的呼吸保持均衡。同时合唱团员在歌曲演唱表达时要有层次以及轻响的对比，这样会使得演唱更富有情趣。

总之，唤醒孩子的学习动力至关重要，要让他们意识到音乐并非仅仅是被教授的知识，还需要自我的探索与实践。当孩子真正理解和掌握音乐元素时，他们会体验到成就感，露出灿烂的笑容。

名　您能成为这么热爱音乐事业、热爱学生的优秀教师，一路走来的成长经历一定是很重要的因素吧，您能向我们介绍一下吗？

顾　我认为音乐是引人向上的非常美好的东西，正是由于我们全家一直以来受到的良好音乐教育，才能使我音乐成长得如此顺利。我小时候生长在一个充满音乐的幸福家庭，我们家中一直放着三件音乐宝贝：风琴、手风琴和黑胶唱片。我的爸爸妈妈要求我们每天都进行音乐学习——练习唱歌、弹琴，欣赏古典音乐名曲，还要哼唱出这个乐曲的旋律，所以我从小就培养了良好的音乐素养。童年时，我曾受邀到广播电台表演唱歌；青少年的时候，我经常到妈妈工作的学校参加各种音乐活动。后来因为家庭经济拮据，我放弃了上大学的机会，考入了上海市第一师范学校。在学校时，我也是一位文艺积极分子，曾经为班级创作谱写了一首《师范生之歌》，还荣获全校比赛的二等奖。毕业之后，我被分配到杨浦区长白一村小学担任音乐教师，全心全意地开展音乐教学，并且组织丰富多彩的集体舞、合唱等音乐活动。

我自己有了家庭以后，多年来也都是其乐融融，子女们有医学博士、工程师、主任医师，也有和我一样继续从事教学工作的优秀教师。我们这个大家庭还曾被评为区、市"五好家庭"。虽然我们家庭成员的工作领域各不相同，但大家都有一个共同爱好，那就是音乐。我们整个大家庭都爱唱歌，还一起参加了 1985 年上海市第一届"卡西欧杯"家庭演唱大奖赛。

名 在您带过的学生当中，有哪些优秀的学生现在也在音乐教育事业中发光发热的？

顾 现在有很多，比如孟小欣，是我最早带过的那批学生之一。她现在是中学音乐高级教师，并且担任上海市音乐教学课的评委，还有朱为群、王婕、陈静、方颖、沈燕等，她们都是全国和市、区音乐教学大奖赛的一等奖获得者。对青年老师的培养，我觉得是很重要的。退休后，2006 年，我有幸到闵行区的日新实验小学去带教青年优秀音乐教师居明华。在整个带教的过程当中，我坚持每周听课、评课，帮助指导他带领合唱团，因此他成长得很快，参加全市的两节公开课都得到了很高的评价。之后，他带领的合唱团在市、区合唱比赛中获得了一等奖。我们还带领"日新天空合唱团"到维也纳金色大厅去演出，并获得重要奖项，同时我也荣获"最佳指挥奖"。2016 年我们赴俄罗斯索契参加合唱比赛，荣获第九届国际合唱金奖。居明华是我带教十年培养的一位出色的青年教师，并成长为我最得意的弟子之一。我觉得作为一名青年教师，自身的艺术素养要比较高。比如说，要唱得好，歌唱技能要达标,能够给学生呈现完美的示范,让学生欣赏美;对于每一件音乐作品,一定要深刻理解,自身对音乐作品的分析能力要强,并且能够找出其中教学的重难点所在;要善于研究学生、研究课堂,从而不断改进自己的教学方法来对学生进行教学。同时我针对合唱教学提出了独创性的"旋转课堂"的教学方法,在合唱中不断变换歌唱的四个方向,也可以变换各种形式,激发学生学习唱歌的兴趣,使课堂活跃起来。不同年龄阶段的学生各有其特点,要针对学生的个性因材施教。还有最为重要的一点,一定要热爱自己的专业,热爱音乐教育事业,如果不热爱,是做不好的。同时也要热爱学生,要有一颗爱心,才能真正地把课上好,上得精彩。课如何才能上得精彩?就在于把课上"活"。这个"活"包含很多:课的设计要"活";老师要"活",要随机应变;课堂要"活"……总之就是要学生在"活"中不断地去思考,去创新,去进步。

名 音乐教育的这条道路并非一帆风顺,您有遇到过特别困难的时期吗?或者说您有过职业的倦怠期吗?

顾 我认为我没有所谓的倦怠期。我一直都是十分热爱并全身心投入音乐教育事业的,包括到现在,我还一直活跃在其中。如果要说困难,那肯定有。比如"文化大革命"时期,老师不但不被尊重,而且还有很多特别顽皮的孩子,上课不接受教育,会捣乱。但我认为无论遇到怎样的孩子,作为老师都要耐心,不能放弃,一定要坚持下去。其实音乐这门课程是能够感化、教育好孩子的,对于那些顽皮的孩子,我从来没有放弃过。每天放学后我主动留下,教他们唱歌、朗诵、表演等。就这样坚持了一段时间后,那些顽皮的孩子都非常喜欢我,也慢慢地开始喜爱音乐,脸上经常洋溢着笑容。我们校园里的歌声传到了长白路上,这些歌声也同样感染了家长,他们被我全心全意热爱孩子、热爱教育的行为所感动。

这些经历都使我及时发现学生在唱歌技巧上的不足之处,我仔细琢磨,潜心研究,不断改进,因此我指导合唱的水平也日渐提高,在音乐教育的道路上不断前进。

名　虽然您没有职业倦怠期,但其实现在有很多青年教师还是有这方面的困惑的,有时会对教学产生厌倦感。您对这些教师有什么建议吗?

顾　我认为如果青年教师对教学厌倦了,就说明他所掌握的教学方法单一,不够丰富。教学方法一成不变,教师肯定是会厌倦的,学生们也会厌倦音乐课。所以我认为学习很重要,不论是青年教师还是老教师,甚至是其他行业的人,都要去不断学习、不断提升,一直用传统的教学方法肯定会厌倦。要多出去听课,参加教研活动,定期举行专题研究,多引进国内外优秀的教学方法,不断弥补自己的不足。不能遇到一点问题就退缩,要经常和同行们在一起切磋交流,把教学困惑拿出来讨论,互相促进,共同进步。这样就能不断完善自己,每天都会有目标、有冲劲,就不会有倦怠这个问题。

名　现在音乐教育行业中的青年教师越来越多了,虽然普遍专业性很强,但是一旦要真正参与上课教学,他们就会手足无措。那么您认为一个音乐教师需要具备怎样的知识和素养? 能不能为我们的青年教师提些建议?

顾　首先我觉得作为一个音乐老师,最重要的是自己的音乐专业知识要掌握得好,要会唱、会弹,要会欣赏世界各国的音乐,要有很多音乐素养和知识的积累。这一点青年教师好像做得还可以,因为他们都是音乐学院和专业院校的毕业生,专业对口,所以能力比较强,但我还是看到有些需要注意的问题,大抵分为以下几个方面。

第一,教师的范唱。因为目前在小学的音乐课中,歌唱的曲目占有很大的比重,所以教师的完美示范能够使学生了解每一首歌曲。音乐教师不仅要把歌曲完整地唱出来,还要有表情地演唱,在唱的时候带动学生的情感,使他们仔细聆听范唱。

第二,教师的演奏。钢琴伴奏在音乐课堂上是不可或缺的,即使不是钢琴专业出身的老师,通过大量的练习还是可以弥补不足的。现在国内音乐老师以即兴伴奏居多,借鉴国外的情况,音乐老师都需要用正谱进行伴奏。我也建议为教材歌曲编配专业的伴奏谱,这样能够方便老师弹奏。规范的正谱伴奏,有助于学生听辨、演唱,常用于正规的合唱团排练演出。在教学课堂上，即兴伴奏是很好的一项专业技能，但是学生聆听伴奏音乐，我还是建议运用正谱伴奏，这样的话效果会更好。

第三，教师的指挥。优秀的老师要学会指挥，善用指挥方法帮助教学。譬如在教学中，老师一手弹音，一手指挥，这样在指挥的时候能够集中所有学生的注意力，同时老师也可以用歌唱手势或者其他方法不断感染学生，这样学生们的进步就会很快。教师还需要根据乐曲进行中的不同表现要求，善用指挥方法进行教学。

第四，教学方法不能过分单一。老师每次都按照"介绍歌曲，再范唱、模唱、唱旋律、唱歌词"的教学模式是不行的，要不断变换。要尝试用各种各样的方法上课，譬如之前提到的"旋转课堂"；把猜谜语、讲故事的方法作为引子导入歌曲，或直接欣赏；在欣赏后请学生介绍，说说感受，教师总结；将"模唱、范唱、唱旋律、唱歌词"的教学方法交替运用，让学生参与弹一弹，唱一唱。

第五，教师所具备的引导和分析作品的能力。每首歌都有不同的内容，不能一首歌单调地从头唱到尾。比如歌曲《小雨沙沙》中有两句很短的歌词"小雨，小雨"和"沙沙沙，沙沙沙"，这两句的演唱感觉是不一样的。虽然是一首简单的歌曲，但可以分为好几个层次，老师要一层层地逐一分析、范唱，从歌词、旋律、节奏、力度等要素来进行分析。老师可以根据每首歌的特点演唱出不同的效果，学生也会随着不断的学习，逐步提高演唱水平。

第六，教师对学生创编能力的培养。良好的创编能力可以让学生在课堂中获得更多的体验，但是由于创编的即兴性，老师无法预设学生创编的结果，因此不要怕学生做错。老师可以让学生从最简单的创作开始，当学生熟悉用简单的音乐元素进行创编后，未来就有可能在难度较大的即兴创编中出色发挥了。

第七，教师对心理学等相关知识的积累。我认为每一位老师需要具备一些心理学的专业知识，并把它们结合运用到音乐教学中，我们往往会忽略这一点。老师一定要掌握学生学习音乐的心理，要了解每个年龄阶段的行为表现，这样就可以帮助每个学生真正地喜欢音乐。有的学生比较张扬、活泼，有的学生比较内敛、低沉，因此要针对学生的性格特点设计各种各样的教学方法,并将这些方法贯穿运用在课堂中,使学生们热爱音乐,在音乐中快乐成长。同时我认为这也是一个值得研究的课题——怎样将心理学和音乐教学相结合,更好地引导学生学习音乐。除此之外,老师的教学语言也很重要,特别是面对低年级学生,教学语言要贴近年龄层次。当然还有其他的素养,比如自弹自唱能力,舞蹈律动能力,多媒体教学操作能力,等等。总之,做老师一定要不厌其烦,想尽一切办法关注、启迪、教导学生,使教学课堂效果更显著。

名　刚才您提到了"创造力",这是当今非常热门的一个词,但很多老师自己也缺乏创造力,无法引导学生在这方面较好地发展。关于在音乐教学中培养创造力,您有什么看法?

顾　音乐教育是培养音乐能力的重要渠道,同时对于培养创造能力有着不可替代的作用。教学中老师要善于利用各种音乐形象和直观的教学方法手段,创设愉快的教学情境,发展学生的音乐想象力,激发他们的创作兴趣。

在教学中首先一定要正确处理好模仿和创造的关系。模仿是音乐创造的必经之路,可以由易到难循序渐进,音乐创造要从模仿入手。其次,分清即兴创造和创作的不同。即兴创造是指学生根据当时的自身感受而创造的行为,在音乐创造活动中,事先不做准备,重在培养学生的内心听觉,启发学生想象自己的创造效果,先描述,再与即兴创造效果进行对照。而创作要事先经过准备,深入了解老师所教授的乐曲表现内容和旋律意境。老师设定要求,比如说为一首歌曲的最后一句编配合唱,学生由此进行有准备的创作。老师要培养学生的想象力、专注力、手脑协作能力和美感,并且为学生提供欣赏优秀音乐作品的机会,这样有利于提升学生的音乐审美能力。因此,教师要培育学生的创新素养,就要唤醒课堂,唤醒教与学。

名　除了应该具备的音乐基本素养,您在具体的音乐教学上对青年教师有什么建议吗?

顾　作为一名青年教师,如果只满足于把一节课上完,学生会唱这首歌曲,而在教学内容和效果上不作深究，是不够的。在教学上，老师一定要突出重点、难点，然后用恰当的方法解决，借用生活的实例使其形象生动，使学生易于掌握。重点、难点所包括的内容有：模唱、视唱、节奏、旋律、歌词、歌曲处理、创编等。每节课都要一层一层地去剖析，我们的青年教师应该要认真努力地去做。现在的音乐教学中存在一个普遍的问题，学生们不识谱，或者说在识谱上没有研究琢磨。只有老师在每堂课的重点、难点问题上进行反复教导，不断强化，才能够把这个问题解决。另外，退休后我也听过一些青年教师的公开课，我感觉在课堂上缺少对练声、听音、视唱环节的强调和要求。我认为应该好好培养一些优秀的青年教师，教给他们一些好的教学方法。青年教师一定要深入音乐教学的研究当中，让处在人生发展黄金时期的学生接受音乐的熏陶和培养，从而快乐成长。

名　很多音乐老师在歌唱教学中都有一个困惑，就是学生"走音"的问题。您怎么看待这个问题？

顾　走音确实是一个问题，而且因为很难找到解决方法，所以很容易被搁置。学生会走音，一般来说是因为发声方法不对，因为发声方法有头声、胸腔声等。这些走音的学生一般声音比较低沉，发声"位置"不对，靠下方，而没有正确歌唱方法的引导，所以就走音了。这也和学生在歌唱时的状态有关，歌唱时要求状态积极，"位置"要高，如果不积极，不用正确的方法，唱出来的声音"位置"就很低。所以不管唱什么歌，学生都要提起精神，面带微笑，保持良好的演唱状态，用正确的发声方法。有的学生因为唱歌没有用对方法，唱出来的声音难听，不仅自己研究不出正确的发声方法，老师也对他置之不理，慢慢地这些学生就不喜欢唱歌了。有的老师通常会认为一些走音学生的声音影响了整体，就让他们轻声唱，但如果轻声唱的话，声音还是会低沉的，所以我认为这不是一个很好的解决办法。

名　那么针对学生的走音问题，您有什么好的方法可以帮助音乐教师解决吗？

顾　首先我认为，对待唱不准音的学生，老师一定要有耐心，不断鼓励，教学中不能放弃每一个学生,这也是我的教学核心理念之一。导致走音的因素有很多,可能是身体因素、心理因素,甚至学生当天的情绪都会影响音准。所以对于一直唱不准音的学生,老师可以在刚开始时先不让他们唱,让他们多用耳朵听别人的歌声,多用听觉去感受别人正确的声音、钢琴的声音是怎样的,然后再让他们轻声唱。老师应当慢慢启发他们把口腔打开,上颚往上抬,把咽口水的地方打开等,找到高"位置"并尝试发声,这样长时间慢慢训练,学生的音准将会改善很多。我以前带过的学生基本都解决了音准问题,这说明只要老师有耐心,不放弃,多起到主导作用,示范给学生听,通过师生的共同努力,这个问题就能最终解决。

总之,解决走音问题的关键在于正确的发声方法和耐心细致的练习。要引导学生使用高"位置"轻声发声,并强调练习的重要性,尤其对于走音严重的学生,老师要密切关注他们,安排集体或一对一辅导,鼓励同学间的相互帮助。此外,要让学生多听、多模仿,建议家里购置简单的乐器,如口风琴,辅助练习,通过不断重复和练习逐渐提升音准。

名 您觉得在自己的教学生涯中,最珍贵的收获是什么?

顾 合唱的核心魅力体现了音乐的和谐,这种和谐体现了人与音乐的完美结合,每个音符都是人和大自然的心声,而我们音乐老师就是这完美融合的燃灯者和引路人。正因为这份对于合唱的热爱,我能够持久地忍耐,不追求自己的益处,只追求真理和实践。我度过了青春洋溢的美好岁月,收获了合唱教学给我带来的幸福人生。

孜孜不倦，艺术常青

——访上海市威海路第三小学音乐特级教师张瑞华

张瑞华，出生于1945年，中共党员，上海市特级教师，曾先后任教于上海市第一师范学校附属小学、静安区第一中心小学、上海市威海路第三小学。

1964年毕业于上海市第一师范学校音乐专修班。1970年起专职从事小学音乐教学工作，曾被聘为上海市静安区音乐学科带头人、骨干教师导师，被评为全国优秀教师、上海市优秀教育工作者、上海市优秀艺术教师、上海市劳动模范、静安区"拔尖人才"、静安区名师工程"小教名家"等。发表论文《小学音乐课进行器乐教学的试验》等。

张瑞华老师致力于突出音乐课堂教学的创新，将器乐、现代化多媒体融入音乐课堂教学，她还致力于"创设创新音乐课堂环境"，促进音乐教学改革的发展。

访谈时间 2018 年 3 月 30 日上午

访谈地点 上海市静安区安远路阳光名都小区张瑞华家中

名 张老师您好!我知道您从师范院校毕业之后,一直奋斗在小学音乐教育一线,您是否能跟大家分享一下您从学习音乐到后来成为一名音乐教育工作者的心路历程?其间有哪些令您印象深刻的事情?

张 儿时我就一直梦想成为一名老师。1961 年,我考入上海市幼儿师范学校,就读两年半后,又因急需小学专职教师而转入上海市第一师范学校音乐专修班继续学习。1964 年夏,我从音乐专修班毕业,分配到上海市第一师范学校附属小学,成为一名真正的人民教师。

由于学校当时不缺音乐教师,我即被安排做了班主任,任职语文教师。随后"文化大革命"开始,打乱了学校正常的教学秩序,初为教师的我,也经历了这场"文化大革命"的风雨。直至 1970 年,我才正式当上了音乐教师,专职从事小学音乐教学工作。

我是一名小学音乐教师,我酷爱我的工作。面对活泼可爱的学生,我思考得最多的就是如何把孩子们教好。我认真备课,刻苦钻研教材,踏实上好每一节课,对工作永远充满热爱和激情。我的人生宗旨是:"站在任何一个岗位上,接受任何一项任务,要么不做,要做就一定要做到最好。"为此,我对每堂课、每个节目、每项课题,都认真考虑,精益求精,力求完美。一路的教学改革是我音乐教学生涯的重要组成部分,也是我成为一名音乐教育工作者难忘的心路历程。

一、实施教学班器乐教学,首闯改革关

记得有一次,在与日本同行的联欢交流中,日本音乐教师的歌曲演唱和器乐演奏,使我们在场的中国音乐教师深感差距。外宾来学校参观访问,中外学生在器乐交流方面的情景更令我坐立不安。我不断地思考,家长没条件让孩子学习器乐演奏,学校是否能为学生们创造学习条件呢?于是,一个大胆的改革设想形成了:调整并充实现有的音乐教材。音乐课不仅要学习唱歌、舞蹈,还要学习乐器演奏,从而有效地提高学生的综合音乐能力。教学改革的设想是很好的,但改革之路是艰难的,乐器的来源与维修、教材编

写、教学方法研究、作曲与配器、班级小乐队的排练，等等，难题一个接一个，整整五年的实验过程，不知花费了多少心血。在市、区教研室教研员的指导帮助下，在上海音乐学院万里老师的鼓励支持下，在上海民族乐器厂的全力协助下，改革实验总算达到了预期目标。

器乐实验班的学生通过五年的学习，除了掌握音乐教学大纲所规定的教学内容外，每个学生还学会了一至两件器乐的演奏，一个普通的教学班形成了一支出色的小乐队。他们会演奏《剪羊毛》《铃儿响叮当》《金蛇狂舞》等二十多首中外乐曲，乐队参加上海市业余乐队交流演出时获得"音乐特别教育奖"，随后又破例参加 1982 年 5 月第十届"上海之春"中小幼教育音乐专场演出。另一个实验班在 1984 年 7 月参加了上海市"布谷鸟歌咏节"，器乐专场演出时，以《杜鹃圆舞曲》一曲参赛，荣获一等奖。实验班学生经评估测试，歌唱、演奏、听赏、表现力等方面都有了明显的提高，学生能独立组织节目演出，举行班级音乐会，同时学生的思维能力和智力都得到了相应的发展，各项成绩均优于平行班。

教学班"器乐教学实验"在各方面的支持关怀下，取得初步成功，受到了学生们的欢迎，得到了家长和社会的认可与领导们的肯定，以及中外音乐教育界同行们的一致好评。《文汇报》头版头条报道了实验的详细情况，《解放日报》《北京日报》《音乐教学》等报刊先后报道、发表评论，上海电视台拍摄《在幼小心田播下音乐的种子》电视专题片，连续几次向全市播放。

器乐教学被作为音乐教学的一项重要内容列入音乐教学大纲。上海音乐学院附属中学、附属小学和上海市舞蹈学校也组织音乐老师来学校听课。担任全市民乐汇演评委的老专家胡登跳老师看了班级小乐队的演出后，含着眼泪激动地对我说："这些学生的音乐素养太好了，我们的民族音乐有希望了。"瑞典广播电台也来我校特地录下了实验班的音乐课，向瑞典全国播放。日本广岛大学的三位音乐教授听了课后激动地说："你们是在填补世界教育的空白，你们的工作要写进历史，将来人们会感谢你们的。"今天我对你们说这些事，虽然还很激动，但已不那么自豪了。因为现在学校的音乐课太超前、太现代化了，器乐教学已是很普及的事情，但在 1979 年，器乐教学能够成功实行确实是不容易的。

二、开展多媒体辅助音乐教学,改革路上又跨前一步

1995 年,学校深化教学改革,广泛应用现代教育技术优化课堂教学,语文、数学、英语等学科搞得轰轰烈烈,我不由问自己:音乐学科要不要搞多媒体教学?对于当时已在音乐教改中取得一定成绩的我来说,思想上确实很矛盾。如果搞教学改革,困难很大,因为多媒体知识和现代化技术我是不懂的,完全没有经验;如果不搞教学改革,心中又很不安,因为这是教育进步和发展的方向,多媒体确实能解决音乐教学中其他教学手段无法解决的问题。因此,我还是下了决心,无论怎么说,对教育教学有益的改革,我总要试一试。于是,征得校领导的同意后,我毅然投入了多媒体辅助教学的实验。

为了正确掌握并运用好现代教育技术,我坚持参加两周一次的校业余现代教育理论学习班,不断提高自己的认识。我一次次地观摩语文、数学、英语等其他学科的多媒体辅助教学实践课,全面了解多媒体辅助教学的内容和作用,结合自己的学科开始崭新的实践。多媒体运用是一个比较复杂的问题,我走了一条与计算机软件制作的专家和工程师合作的捷径,初步合作,效果不错。我根据教学要求、教材内容以及教学方法编写脚本,即剧本,然后拿编写好的脚本和运用意图与技术人员沟通,听取他们的意见后再修改,共同定稿。由他们制作软件样品,再共同操作、修改、试教和实际运用,根据实用后的情况进行定型,最后完成软件制作。这时的我已年过半百,记忆力与操作技能远不及年轻人,因此只能以勤补拙,为此我付出了大量的精力与时间。技术人员的工作精神令我敬佩,给了我很大的鼓舞,校长的关心支持更使我增强了信心。他们与我一起放弃双休日,放弃晚上休息时间,反复地修改试验。终于第一个多媒体辅助教学课件《美丽的黄昏》诞生了,这是学校领导、电教老师、计算机技术人员、软件设计师的共同成果,小学音乐课终于用上了多媒体教学课件来辅助音乐教学。之后,我们又成功地制作了《小春笋》《堆雪人》等教学课件,一个比一个成熟,一个比一个完善。我们多次参加全国中小学应用现代教育技术研讨会的专题讨论,在会上演示我们的课件,并作专题发言,得到了与会领导和专家们的一致赞扬。

三、创设创新音乐教学环境,创意教学特色改革路上无止境

1999 年,我又积极地投入学校承担的上海市教育科研课题"小学创新

教育环境研究"的新探索。创新物质资源环境的创设，对于小学年龄段以形象思维为主的学生来说尤为重要：布置一个美丽的雪景环境，选用围巾、绒线帽、雪铲等小道具让学生演唱歌曲《堆雪人》；用迷人的台灯、可爱的摇篮、飘逸的窗帘创设一个美丽平静的夜景，让学生抱着娃娃，唱一首静静的《摇篮曲》；准备一些滑稽面具，放置一些彩色帽子、披肩以及卡通玩具让孩子们游览《美丽的梦境》。新颖别致的情境创设激发了学生强烈的学习欲望。每一节课最后的"欢乐一刻"更是学生喜欢的教学环节，各类乐器自由选择，服装艳丽，旋转彩灯闪烁，演唱设备开启，学生自选节目、自行编排，尽情歌唱、即兴表演，个性得到充分的发展，课堂气氛不断推向高潮。

　　三十多年来，我尽心尽力在音乐教育岗位上奋斗、拼搏，努力进取、改革创新，逐步形成了自身的教学特色。有付出就会有收获，看到一批批学生健康成长，我深感快乐、欣慰，为教育事业奉献，我无怨无悔！

名　张老师，您在工作上孜孜不倦，退休以后还一直坚持音乐教育工作，到花季艺术学校进行教学。您一直坚持秉承什么样的音乐教学理念？

张　退休以后，我主要做了三件事。一是受聘留在威海路第三小学继续做好学校音乐教育工作——带领好校音乐教研组及带教好青年音乐教师。音乐教研组每学期都有许多任务，如市、区级的课题认领、实施，公开课展示禀报，校重大艺术节活动及市、区的文艺节目参赛等。学校音乐教师不少，一批又一批，层次不同，带教方法不同，他们到工作岗位后，能迅速成长、进步，成为一名名出色的音乐教育接班人。

　　二是做好区音乐骨干教师的导师工作。带教好安排给我的区骨干教师，静安区的万航渡路小学、西康路第三小学、陈鹤琴小学、静安小学等都留下了我的足迹。每周我一个一个学校地跑，一堂一堂课地听，尽心辅导每一位青年教师。遇到寄宿制学校，我常常晚上也要去工作，任务非常多，工作十分繁忙。

　　三是在双休日时间，我应邀去花季艺术学校授课，培养艺校的孩子。我觉得花季艺术学校也是我音乐教学的一个延续，艺校的教学目标是用艺术来感染小朋友，引导小朋友做一个比较完美的"我"。我觉得这种理念可以促进他们健康成长,培养他们多才多艺。我在艺校教学多年,创设了一套崭新的教学方法,从幼儿到中学生,不同年龄阶段的孩子有不同的教法。我性情活泼,教学比较生动,深受学生和家长的认可和喜爱。

我的教学理念就是对自己严格要求。第一,要以身作则。这是很重要的一点。我要做一名好老师,要把学生教好,我就是学生的第一楷模。第二,要以学生为主。在教学的同时,首先要激发学生的学习兴趣,学生是真的很喜欢音乐。要激发他们的学习主动性,在这个基础上培养他们音乐创作的欲望,让他们在学习中自己做主人。第三,备课备人。音乐是对学生进行德育教育的最好途径之一,要时刻牢记这一点,落实于教学实际,要相信学生。我的学生里没有调皮捣蛋的孩子,和学生在一起,我也觉得能从他们身上学到很多,获益匪浅。第四,要发挥学生的主动性和创造性。

我是一个对自己要求很高的老教师,但人老心不老,我不断学习,不断充电。自退休后,有好的展示课我仍然会积极地去听,有好的演出我也会争取去看。例如,一次我去看英国舰艇水兵小军鼓表演,便想到把"小军鼓行进"这种形式应用在学校队列操表演中,为表演增色不少,我校队列操表演荣获全市第一名。又例如,我去看百老汇儿童音乐剧演出,把剧中"教室"的表演场景运用到我们学生的节目中去,取得了极好的效果。为培养青年教师,我更是尽心尽职,因为我认识到他们是音乐教育事业的未来。多年来,我也积累了一套带教方法,使青年教师们入门快,提高迅速。他们既能学得老教师的教学特色,又能开动脑筋,自觉创新,展现出自己的特长,所以不少青年教师进步显著、成绩突出。我的年龄在增大,但我童心不变,心态永远年轻,我是孩子和青年们的好朋友,我愿意与孩子,与青年教师们手拉手,一起与时俱进。

名　张老师,您在从事音乐教学的过程中,有没有遇到过对您的职业生涯具有影响力的人生导师?

张　上海市第一师范学校附属小学有位教高年级的音乐老师,叫吴玲玲。那年,她要随家属去南京工作,我就顶了她的岗位,当上了专职音乐教师。她离开之前把我带去少年儿童出版社、上海音乐家协会及有关单位,让我认识了许多老师,在以后的工作中,我得到了他们很多的帮助。由于吴老师的引荐,我参加了"儿童歌曲编创组",负责歌曲演唱推广,其中我认识了儿童作曲家金月苓老师,还有负责作词作曲的很多著名的音乐家。可以说这几年里,我学到了不少的本领。

静安区教研员李长根老师、上海市教研员郁文武老师都是我的好老师,他们都大力支持我搞音乐教学改革。李长根老师在静安区教育学院开设了器乐演奏学习班,让我每周去突击学习和进修。郁文武老师更是一路陪伴着我们进行教学改革,"器乐教学改革""多媒体辅助"等实验工作他都亲力亲为、精心指导。郁老师让我到北京去上教学公开课,不断锻炼和培养我的教学能力,还带我们部分特级教师去日本参观、访问和学习。上海音乐学院的院长江明惇老师平易近人,经常和我交流工作,帮助我们解决困难。还有上海音乐学院的老教授万里老师,那时他年龄已经很大了,还在学院坚持工作。为了帮助我校的音乐教学改革工作顺利进行,他几乎每周都要来学校亲自指导。当他知道我和另一位老师都是非音乐专业出身,作曲配器方面都有困难时,就去学院争取名额,让我们两位老师去作曲系当旁听生学习专业知识,真是令人万分感动、感激。

名　很高兴聆听您讲述职业生涯中的人和事,相信您的学生也是人才济济。您曾经带过的学生中,有在音乐教育或是艺术领域取得不错成绩的吗?

张　我在静安区第一中心小学带教过陆怡炯、苏颖、江南等青年教师。其中陆怡炯老师毕业于行知艺术师范学校,她工作一个多月后,就能面向全市上教学公开课。她因为工作成绩出色,获得师范学校颁发的"罗大伟教学奖",目前在日本工作。

在威海路第三小学我带教了宋容龄、张冠华、计莉娅等老师。其中宋容龄老师毕业于上海音乐学院音乐教育系,她有良好的音乐基础,独特的创新理念。我根据她的优势,高层次带教,如今她已经是小学高级教师。还有一位是静安小学的金佳妮老师,人很可爱,唱歌跳舞也都很好,她也是区里的骨干教师,现任威海路第三小学音乐教研组组长。

威海路第三小学的计莉娅老师是兰州知青子女,毕业于行知艺术师范学校,后经学校推荐和静安区教育局同意,跨区到我这里工作,由我带教。计莉娅老师的专业基础比较薄弱,为了能让她当上一名称职的好教师,我采用了"一帮一"、从一年级到五年级大循环的带教模式。为了能够指导她上课的每一个环节,我常常把她带到家里继续给她进行指导,我认真教,她刻苦学。功夫不负有心人,五年后她进步显著,多次获得市、区教学比赛一等奖,我破例让年轻的她带领学生出访日本。目前她在加拿大工作。

名　张老师,您在教学的过程中有没有遇到过什么困难? 您是如何克服并坚持下来的?

张　三十年的教学生涯,我遇到的困难太多了。刚从音乐专修班毕业的时候,学校安排我做班主任,主要教语文。我就向老班主任学习,早出晚归,家访,与家长和学生谈心,认真把班级工作搞好。我刚开始不懂怎么教语文,就利用空课去听其他老师的课,听一课教一课,即学即用。实施器乐教学,我到教育学院去学习二胡、柳琴、木琴、扬琴、笛子和口琴等乐器的演奏方法,还到音乐学院作曲系做旁听生,学习配器。那时乐器需要维修,我就到民族乐器厂学习乐器修理,为了运送乐器的需要,不会骑自行车的我却学会了踏"黄鱼车"(上海方言,三轮车)。器乐教学班学生水平有差距,我每天吃午饭时,总有学生坐在我身边听我给他们辅导。因为工作辛苦,劳累过度,我得了心脏病,住院过两次。住院期间,我一边吸氧气、挂盐水,一边辅导青年教师备课、试教,因为他们要代我完成开课任务,可以说非常辛苦。

　　我在学校里是教师,在家里是母亲。我是个极不称职的母亲,虽然很爱自己的孩子,但为了工作,我不得不在很多时候放弃对自己孩子的照顾。我晚上经常加班,我的孩子还在小学二年级的时候就一个人放学回家,经常要转二至三趟公交车。体弱多病的她很早就学会了自己测量体温,看病也是让隔壁的阿婆帮忙带去医院打针、吃药。孩子有一次在日记里写道:"傍晚来临,我明白楼梯上的脚步声永远不属于我们家。"她出国留学后发回来的第一封家书中就写道:"爸、妈,初到异国,很是孤独,但你们放心,我不怕孤独,因为我从小就习惯孤独。"

　　做老师难,做一个好老师更难。教师的伟大就在于她像红烛一样点燃自己,照亮别人,直到燃尽。

名　张老师,在您的手中,每一个孩子对艺术的好奇心都会转化为对艺术的热爱。您觉得在这个过程中艺术对孩子成长最大的帮助是什么?

张　艺术本身充满着无穷的感染力和吸引力。一幅好画,一首动听的歌曲,人人都会喜欢。当你接触了艺术,你会更愿意将自己融合进去,情不自禁地深深热爱它。我是个音乐老师,我深切体会到音乐是一门情感艺术,对人的情绪有巨大的感染作用。在教学中我常常发现,在其他课堂上缺乏自制力的学生却能认真上好音乐课。优美的旋律曲调深深激发学生的情感,生动形象的歌词有效帮助学生明事理。艺术教育特别是音乐教学以充满思想性的教材及形象生动的教学形式,不但起到了丰富生活、活跃身心、陶冶性情、净化心灵的美育作用,还通过歌词、曲调的教育和音乐表现、欣赏等教学活动感染学生,在学生思想品德的形成中具有独特的地位和作用。

　　艺术学习除了培养学生良好的素质,提高学生的学习自信心,在实践中还能增强学生的交往能力,对学生的后续发展具有十分重要的意义:丰富多彩的精神生活,驾轻就熟的工作能力,和谐协调的同伴关系,等等。在我们实验班里的许多学生,工作多年后回来和我相聚,都会畅谈艺术教育对他们成长的积极意义,为自己的多才多艺而自豪,为自己在工作中的得心应手而欣喜。真所谓"智商优异,情商更高",在实践中我们都真切地体会到艺术教育对新一代孩子健康全面成长的卓越功效。

　　教歌育人,我在自己所写的《试论音乐教学的德育功能》中作了详细的阐述。

名　张老师,很多职初教师在职业生涯开始时会出现面对学生不知所措的情况。例如,不知道如何与学生互动,不知道用怎样的方式激起学生的兴趣。您是否可以与职初教师进行一个简单的分享和交流?

张　这一切问题的解决是需要时间的,是有过程的,千万不能着急,不能急于求成。神枪手是练出来的,少林功夫也不是一日功夫,教书育人也是靠长期实践才能获得成功的。初上岗的老师一定要严格要求自己,认真备课,反复试教,确保上好第一堂课,让学生能够在初次见面的时候就喜欢你,喜欢你的课。刚上任的教师要做到这一点是很不容易的,很多教师备课不到位,就会出现一堂课上到一半就没有内容,上不下去的情况。一个好老师就是永远都把"怎么样把课教好"放在第一位,本本分分做好每一件事,督促自己去思考这件事情应该怎么做,尽量能够做好它。

假如我是一名演员,我肯定会努力去做一名好演员;假如我创立一个企业,我就要尽力把这个企业办好。同理,我想要做一个好老师,就要把每堂课都上得生动活泼。教师在教学工作上既是导演又是演员,是指挥员更是战士,教学中要充分展示自己的教学魅力,充分调动学生的学习积极性。同时,作为一名教师要热爱学生,与学生平等相处,经常与学生进行沟通和交流,与学生成为好朋友。严于律己,做学生的楷模;深入学生,发现学生的优点,重视学生的个性发展。发扬民主,师生平等,生生、师生之间实现真正的互动,学生爱你、信任你,教学就有成效了。热爱教育事业,把心捧出来献给小孩子,努力每一天,你一定会是一位好老师!

坚韧坚持，不忘初心，睿智创新
——访上海市北中学音乐特级教师
齐珊云

齐珊云，出生于 1952 年，民盟盟员，上海市特级教师。任教于市北中学，任市北中学合唱团指挥。

1990 年毕业于上海师范大学音乐系，后担任上海音乐家协会合唱专业委员会理事、中国 ShEO 合唱团常任指挥等职务。曾被评为全国优秀教师、上海市"三八红旗手"、上海市"教书育人楷模"、上海市中学音乐学科带头人、上海市优秀艺术教师等。发表过关于中学生合唱训练的系列论文，并著有专著《探究性学习教学示例·音乐》（浙江教育出版社，2004 年）。

齐珊云老师任教三十多年，潜心于音乐课堂教学及合唱教学，并屡获佳绩，"让每一位学生爱上音乐课"是齐珊云老师为之努力的宗旨。

访谈时间　2017 年 12 月 13 日下午
访谈地点　上海师范大学音乐学院 103 办公室

名　齐老师您好！您能介绍一下您的教师生涯以及专业成长生涯吗？

齐　如果对我的经历有所了解，你就会知道我其实是一名转行的音乐教师，成为一名教师是我第二次选择的工作。从一位曾经站在舞台上表演的演员，转变为一名在讲台前授课的音乐教师，这对我来说是一个全新的开始。

　　其实，你们这些在校的师范生比我们幸运得多，因为现在有很多名师给你们进行指导，引领着你们，而当时的我只能依靠自己一点一点地摸索。回忆当初我在教育局的第一次应聘，一共有三位老师参加。面试官让我们每人上一节课，我在没有任何授课经验的情况下，按照自己的理解认真地完成了这节教学课。结束后，面试官给了我一本音乐教材，并让我两天后去学校试上音乐课。令我没有想到的是，也许因为我善于和学生沟通，有较好的教学效果，教育局安排我到一所学校正式任教。当时专家对我进行了点评，说我很有亲和力。在我看来，除了亲和力之外，我对教材重点难点的准确把握也是专家给予认可的很重要的原因。

　　由于我原来在歌舞团工作更多的是实践，缺乏音乐理论知识的系统学习，所以在走上教师岗位后，我渐渐开始觉得自己的学历不够。学历是衡量教师知识素养的一个重要标准，因为教师必须给自己高标准、严要求，我觉得我需要系统地深入学习音乐教育。于是，经教育局推荐，我来到了上海师范大学，很幸运地成为第一届也是唯一一届全国自学考试音乐班的学员，由于其唯一性，所以特别难。我记得第一届有许多学员，大约六十位，被分成两个班。我们在学校里主要学习音乐专业课，公共课全靠自学。当时的我们边工作边学习，上课时间为每周六，就在上海师范大学的校园里，我们都非常珍惜这一天的学习机会。全部通过十五门专科课程之后，我们才能拿到音乐专业的大专文凭。之后我又一步一步从大专学到本科，花了很多心思和精力，很不容易才完成了学业。

　　我觉得舞台与讲台最大的区别是：在舞台上我只面对自己，我会通过刻苦的训练，最后完成我的表演；在讲台上我面对的是学生，我要把我知道的东西传授给他们。然而学生的能力、接受程度以及他们自身的先天条件是各不相同的，所以，我就必须做到备好课。这点非常重要。几乎每年每学期都有很多人来听我的课，直到现在我都一直提醒我身边所有的年轻教师："课堂教育，首先老师心中一定要有学生，要把课备好，否则就等于荒废了一节课。能否知道学生所需要的是什么，接受程度如何，取决于你有没有备好课。"

我的课堂教学是与众不同的，就像我的合唱课一样是有特色的。我的课学生都特别喜欢听，所以我在课上一直和学生配合得非常好。现在我也经常会去听一些课，包括评审一些公开课。在听课、评审的过程中，我总感觉有些老师教课的深入程度不够，究其原因，我觉得是老师在备课时心中缺少学生，他们不知道当自己设计的问题在课堂中提问时，学生的接受程度有多少。还有关键的一点是，他们问题设计得如何？问明白了没有？所以，无论学生坐在教室里上课，还是站在舞台上合唱，学不好与唱不好都不能归结于学生不好，因为作为老师是没有任何理由指责学生不好的。我经常说："不要说学生不好，肯定是你自身出现了问题。"我认为这一点对于老师来说非常关键，不能因为自身没有教好、指挥好，而去指责学生们水平差，他们是无辜的。学生们就像是一张张的白纸，接受着老师们给予的五彩缤纷的教育。我们学校合唱团演唱《南泥湾》，学生就是一张张白纸"捏起来"的，所以我认为学生的可塑性是很强的。这也对我们老师的教学方式和教学思路提出了非常严苛的要求。作为老师，心里一定要有一个自己的标准，对学生的教育，一定要做到心中有数，这是教育获得成功的关键。如果你的心里面没有学生，你的教学效果肯定是会受影响的。还有就是要了解学生的可接受程度是多少，可接受性是多少，用什么方法让他接受。面对同样一个课题，你可以采用不同的方法让他接受，那么什么样的方法学生最能接受？这都是需要教师认真准备的。因为每一堂课肯定都有知识点，如果你不考虑学生的接受程度，完全凭自己的想象去教学，那么学生可能根本就听不懂。所以你用什么语气、什么语句让学生接受，我觉得这是关键，由此也能证明老师的备课真的非常重要。

名　齐老师,您在专业研究中提出了哪些音乐教育核心理念或者教学方法？为什么会提出这样的音乐教育的理念？

齐　音乐教育的理念是不同于其他任何学科的,我觉得它更多的基于感性。

每个音乐活动都要让学生从中体验到一种感性的东西,这是其他学科没有的。有些学科可能会有一个标准答案,一个最终计算出来的结果。而我们音乐学科是把教学提升到情感、内心层面的,这是其他学科教育无法替代的。

我经常说音乐教学是最高境界的教育——心灵的教育,是让你的内心得到一种感知的教育。所以,在音乐课堂中,无论你是教器乐、舞蹈还是声乐,音乐就是一种语言,一定要将它升华到语言层面。你需要表达出来,只不过是通过这些不同的形式来表达。比如我们唱歌,我会强调:不要过于注重音符节奏,而是要注重音乐在说什么。所以,我们的合唱团唱出来的歌可能音色不一定最好,音准也没做到极致,但是歌声一定是打动人的！为什么？因为它会倾诉。

我认为音乐的最高境界,音乐课堂教学也好,其他器乐声乐教学也好,都必须把音乐的精髓——"叙述性"挖掘出来。音乐的符号不是简单的符号,每个符号、每个节奏、每个旋律都在表达。旋律流动的时候,就是在告诉你,它在述说什么,要让所有学生都能领悟到音乐的真谛,换句话说,就是让学生明白音乐总是在告诉你一些事情。把那些暗藏的事情叙述好、表现好,我认为这就是音乐的最高境界。所以不论我在合唱团,还是在别的活动中,我非常强调:你理解了吗？你读懂这段音乐了吗？这件事情在我看来是非常重要的。

如何让学生理解音乐当中具体表达了什么样的情感？我觉得这是一个双向的、互动的过程。我在指导团队时,有很多时候能够从团员身上学到很多东西。当我发出某个指令或是某个提示时,我会格外注意观察大家的反应和认知度,如果他们对我是认可的,他们马上就会投入进来。有些时候他们没有我想象中做得那么好,我就会思考为什么没达到我预期的效果呢？是他们对我的指令有一些疑惑,还是理解上和我预想的有所偏差,又或者他们觉得有其他更好的理解？我会思考这一系列的问题。所以随时关注学生的反应和教学时的反馈非常重要。

对于艺术我们要善于挖掘，有时候一个人的思维可能还是有局限的。我们的校合唱团有一个保留曲目《在十八岁生日的晚会上》。当时我们校合唱团排练到临近比赛的时候，我仍然觉得学生们还没有唱出这首作品应该有的感觉。我当初会选择这首歌的原因就是他们那个时候正好是十七八岁，切合了歌曲的主题，但是他们唱出来我却一点都不感动，就感觉他们没有唱出属于这个年龄的特点。也有可能是因为他们还年轻，所以他们还不珍惜演唱这首歌的机会。后来有一次排练我对学生们很无奈地说："你们的演唱一直没有让我找到感觉。现在你们是把这首歌唱出来了，但是听众并不能为之感动。这首歌的间奏很长，大家不能傻站在台上，同学们发挥自己的想象，思考如何处理这段间奏。"后来同学们就把这段很长的间奏设计成一个"生日派对"——有一群同学表演放爆竹，还有一群同学表演切蛋糕。突然间这个舞台就"活了"。然后我又把排练厅的灯关掉，只留一点微微的灯光，当间奏音乐响起时，大家就在这个舞台上庆祝生日。后来领唱提议说："齐妈妈，你走到我们中间吧。"于是，等他们演唱到这段的时候我就走到了他们的中间。之后每次演出到这个场景的时候，观众们就会感动地落泪。所以，是他们给了我让舞台更加立体的创作灵感，直到今天我一直保留着这一份舞台的创造性思维。这件事情也说明，不管什么年龄，学生都会对音乐作品有自己的认知和理解，我们作为老师对作品的理解也可能会有局限。对于一个作品的理解，首先你自己要思考我要选择什么样的方式来传达给我的学生，让他们可以接受。学生不一定第一次就可以做得很好，那么老师要就更多需要理解的东西和他们沟通。与此同时，学生的接纳也非常重要。如果学生不接纳你，对你的讲解总是存有疑惑，或者他们还有其他的想法，你又没有让他们表达出来，那么你的教学效果一定不理想。

在我的教学观中，教师的敏锐很重要！我自认为自己的心理学学得非常好，这也是我在很多团队当中接受度和认可度都很高的原因之一。团员们总会说："每一次排练都觉得时间过得真快，三个小时的排练我们一点都不觉得疲乏，每次都是收获满满。"为什么他们不感觉到疲惫，并且每个人都非常开心？其实这是因为我一边排练一边在观察大家最大的接受能力怎样的。我并没有按照我的主观意愿把这三个小时强制灌输给他们。如果某段我觉得不行,我不会"硬塞",而是会换一种方式让他们调整一下,然后再攻克那些难点。

　　教师一定要有这种职业特定的心理推测。我曾经听不少学生说:"在其他团队排练,觉得很无聊,时间也过得很慢。因为指挥老师不断重复地讲同一个知识点,所以我们就觉得很枯燥。齐老师您排练的三个小时怎么这么快?"其实我在不停地观察,排练时的很多东西我都在随时调整。我的目标就是一定要在规定的时间里达到最好的效果,这就需要教师时时刻刻地观察学生。大多数教师的公开课可能都会遇见这样的情况:在授课过程中,学生突然冒出了和老师提前设想的不一样的答案,最终导致老师不知道如何进行下去。不知道如何进行下去的主要原因是,教案都是教师提前设计好的,教师自然会希望学生按照自己的教学思路进行回答。其实这样的情况是很正常的,要看这个老师怎么去把握与调整。如果老师能做到很好地了解、观察学生,在课堂上自如应对不同学生的反馈,那么来听课的老师也会有很高的评价。毕竟学生在课堂上的反应是各种各样的,你不能束缚学生的想法。所以作为老师一定要在课上把这类问题解决,不能回避它,也不要压制它。

名　齐老师,您觉得您的教学风格是什么样的?

齐　谈到我的教学风格,有一个突出的特点就是——轻松。从整个状态来说,我一直营造的是一种轻松愉悦的课堂氛围。但是,在这样轻松愉悦的过程中,我又是特别严格严谨的。无论是以前音乐课堂教学中要介绍一部作品,还是现在合唱排练中排练一部作品,首先我都要求自己对作品把握得非常全面。有关音乐方面的知识作为音乐教师是不能随口乱说的,一定得正确把握。如果是要排练一部作品那就得更细致了,音准、节奏、风格、年代特征等,我都得揣摩好。作为音乐教师不可以毫无准备,就给学生上课或是排练。并且我对所有学生都是非常严格的,但是对我的严格他们并不会感到很枯燥,也不会厌倦。相反,往往一堂课结束之后,他们会突然感觉到自己又有了新的收获,学生们觉得这堂课又学到新的音乐知识与技能。

还有一点，我认为每节音乐课的知识点不宜过多。直到现在我都一直和身边的年轻老师们说：每堂课一至两个知识点就足够，因为我们的学生并不是每天都在接触音乐课，学生一周只有一节课。老师们将琐碎的知识点在音乐课上一点点积累起来就可以，一定不要在一节课里说很多知识点，学生们是接受不了的。作为音乐教师，要考虑每节课的知识点学生接受了吗？听懂了吗？千万不可泛泛而谈，延伸的知识要正确，并且让学生能接受、能记住，重要的是让学生真的理解你所讲的知识。这样，每节课上完学生就会有一种收获的喜悦。

正因为这样的教学风格，我和学生的关系是非常融洽的。我们学校合唱团高三的学生临近毕业时都会演唱一首歌来检验他们三年学习的成果。每当他们演唱的时候，我就会在旁边落泪，心里想着他们一个个翅膀硬了，都将飞向更远的地方。这种不舍的情感一直在我心中纠结，但这就是我的职业，我必须这么做。就像我们合唱团的很多队员一样，大家忙着排练，时间紧平时都没跟我讲上几句话，但是毕业以后一回来，他们就有说不完的话。有一次，一个男孩子从北京某大学回来，整整一个小时他都在滔滔不绝地回忆曾经在合唱团的点点滴滴，合唱团排练那几年的故事都在他的脑海里。我现在回过头来想想，这样的坚守和付出都值得。因为这段经历在学生的身上打下了不可磨灭的印记，对他们来说是很难忘的一段记忆。

名　您能否介绍一下您的科研成果吗？您带过的学生中有哪些现在也在音乐教育事业中发光发热？

齐　我的科研成果比较多的还是在"合唱的声音训练""音色训练"这些领域。比如，变声期的声音方法训练有哪些？还有对高中男生的音乐训练，有哪些需要大家一起尝试。我还编写了一本关于音乐教学的书，里面都是关于音乐课题的教案。

要说起我教过的学生那就有很多了。前几天我在听我们学校合唱团的作品《在十八岁生日的晚会上》，整理出了当时的照片和相关的资料，那些资料充满着一份份感动，我会回想当时发生的每一个故事。其实现在我有时会有一种寂寞感，每每想到我教过的一批批学生都飞得很远时，我的孤独感就油然而生。之前我有一位学生陈昱,他当年在法国的音乐学院进修,现在既是歌唱家,也是教育家。有好几位从音乐学院音乐剧专业毕业的学生,如孙礼杰等。孙同学现在一边在音乐剧领域继续深造,一边还在我们的活动中心担任音乐表演指导老师。还有一位季韵翚同学通过在美国的深造学习,现在成为上海歌剧院非常出色的女高音演员。

　　更多的曾经市北中学合唱团的学子,现在都成为一线音乐教育工作者。有时候我去看一些合唱比赛,指挥是我的学生,伴奏也是我的学生。我还经常会接到学生的电话,有一位非常开心地告知我他指导的大学某学院合唱团比赛拿了第一! 看到他们现在在不同的岗位上发光发热,我也打心底里高兴。

名　您在教育的事业中有遇到过什么挫折吗? 您是如何克服这些困难的?

齐　说起挫折,我觉得主要还是别人对我的不理解。我觉得现在的青年教师,他们走上工作岗位都会遇到这个问题。自己如果信心满满,很想做好一件事情,但是别人不理解你,不支持你,这个时候该怎么办?

　　最初的八年,市北中学只有我一名音乐教师。从市北中学一路走来,我亲历了合唱团从开始成立到现在获得这么多荣誉的点点滴滴。在这个过程中,一直有老师不理解我。比如如果学生的成绩下降了,他们就会责备学生说是"唱歌唱坏的",甚至他们可能看到我的时候都不给我好脸色。那个时候我就很怕见这些老师,因为我总觉得好像真的是我影响了学生的学习成绩,耽误了他们学习的时间。对于"学习不好都是因为唱歌唱的"这种误解,一时我是无法解释的。所以那时我也最怕在食堂里碰到这些年级组长和学科老师,他们会说:你们合唱唱得这么起劲,但我们学生的成绩都下来了。

　　类似这样的不理解,伴随了我很多年。大概经过了十年之后,一部分老师开始逐渐理解音乐老师了。因为老师们发现之前有些学生尽管在学校里成绩不是很好,但是他们最后的发展都很好。这些学生既可以选择音乐专业,也可以考师范类的音乐教育专业,而且都会被很不错的大学录取,之后也都顺利地走上工作岗位并且取得了不错的成绩,所以渐渐地我没有那些阻力了。但如果当时的我承受不了那些压力,因为一些老师的指责、反对就放弃了，我一定坚持不下去。那时候很多委屈只能自己忍受，也没有向校长"告状"，我想校长一定会这样开导我：有意见是很正常的，主课老师肯定要抓学习，对不对？其实，我也知道所有老师的出发点都是学生的未来，大家的出发点都是好的，所以对于那些阻力与不解我是需要默默承受的。我要坚持下去，不能轻言放弃。

名　您觉得对于音乐教师来说，什么知识或者技能是最重要的？

齐　第一，音乐教师不管是器乐专业还是声乐专业，我觉得才能很重要，一定要有自己的一门强项。比如器乐专业乐器必须演奏得很好，钢琴专业弹奏必须过关。专业技术肯定是放在第一位的，没有专业技术，学生不可能认可你。如果技术不过硬，那么在培养学生方面，你可能会走很多弯路。专业技术，肯定是"拿在手上的"，要过硬，并不是像以前人家所说的，音乐教师的工作就是什么都会一点就可以了。这是不对的，必须专一。作为教师，掌握一门专项乐器是有必要的，比如某位老师钢琴弹得特别好，唱歌也不错，或者唱得特别好，钢琴弹得也可以。作为教师必须有一个自己的强项。我们作为课堂评审，会讨论音乐老师因专业技能方面的欠缺而在学生面前缺乏说服力的问题。现在的评课后面都会增加有关即兴伴奏的考核，很多老师即兴伴奏无法完整地完成，甚至上课时学生唱歌的伴奏都弹不好，我觉得这是教师能力欠缺的一个表现。

　　第二，要尽心尽力培养学生出成果。一定要有成果，如果你只是自己的专业技能很好，但没有把培养学生放在很重要的位置，那么你这位老师也是不成功的，因为老师最后的教学成效是通过学生体现的。不是你钢琴弹得好，别人一直听你弹钢琴，也不是你歌唱得好，别人一直听你唱，你要把学生培养出来。这是教师的职责，也是教师事业的一部分。

　　第三，因材施教。这四个字要真正做到还是很不容易的。个性差异是最大的区别，不能把所有孩子一概而论。所以我说如果一生只把一件事情做到完美，过程是很难的。因为前面在做的时候看不到后面的结果，但我们一定要坚持去做。有些时候在做的过程中我也感觉过迷茫，因为会碰到很多问题。最难的就是每年都会有新老交替。针对每年学生的交替，我会更换曲目,除了《十八岁生日的晚会》这首歌保留之外,其他曲目都是会替换的。我不想团里的新老团员一直在唱同样的曲目,每当有新同学进来,我通常会更新曲目。这个工作量大,又很累,我也会感到疲乏,但我觉得这都是值得的。因为不同的学生有不同的特点,所以我要一直调整我的教学方法与手段,选择最适合他们的,这样才能有最好的教学效果。

名　我了解到您有一个"歌唱母亲河"名师工作室,目前您的工作室有哪些项目呢?

齐　我身边带了好几个我们区的音乐老师,他们处在不同年龄段,有青年的,有中年的,他们的课我也会经常去听。我身边就有三位老师,每次给他们安排教学计划,我会说我不一定检查你们的教案,但是你们的课一定要有想法。你们把教案给我看,这是"虚的",你们自己有自己的想法,这才是最重要的。

我们现在正在准备编一本校本教材《合唱进课堂》,从合唱延伸到别的领域。从合唱出发,因为我们校长说这是学校的特色。怎么把这个特色变成校本教材,这是我们需要去思考的。不同年级会将合唱与不同的学科相结合,比如高一是合唱与语文的结合、合唱与历史的结合以及合唱与地理的结合。概括起来就是以合唱为主体,然后再由合唱派生出去。我们目前正在编写这个校本教材,我们觉得合唱进课堂很重要,在我看来,每一个年级的学生都接受合唱教育,这是非常有必要的。把合唱普及到每一个学生,也就是说,合唱不仅仅出现在我们的校合唱团,每个学生都要学会合唱。我们学校的每一个班级都是一个合唱团,我们每年都开展"班班有歌声"的活动,就是希望通过学校的合唱特色来推动整个学校的艺术教育。我继续行走在追梦、圆梦路上,"让更多的人享受合唱的快乐"是我不变的初心和追求!

我想同大家分享的一句话:我们的选择会塑造我们的人生。我们每一个人都会做出自己的各种选择,但是一定要带着信念去选择,一定要学会坚持。若能这般,那么你一定会拥有精彩纷呈的人生。我希望在不久的将来,可以看到所有的青年教师把属于他们的精彩呈现给大家。我最希望的就是你们比我们更精彩!

亲爱的『朱妈』，守护孩子的天使

——访上海市进才中学音乐特级教师

朱燕婷

朱燕婷，教育部基础教育司特聘专家、上海音乐家协会合唱专业委员会理事、浦东新区教师合唱团指挥，曾任上海市音乐教育专业委员会理事、上海歌剧院业余合唱团指挥。曾被评为上海市优秀艺术教师、上海市优秀教育工作者、上海市职工合唱比赛优秀指挥、浦东新区"十佳师德标兵"等。

朱燕婷老师致力于学校艺术课程建设，不断完善高中艺术模块化教学模式，完成论文十多篇并编写了四万余字的师训教材。她积极探索高中合唱教学方法，带领进才中学合唱团在各类比赛中获得一等奖，在世界合唱比赛中获得金奖。她还注重激发学生潜能，指导学校一百多位学生获得高校声乐特长加分。

访谈时间　2017 年 10 月 18 日下午
访谈地点　上海师范大学音乐学院 103 办公室

名　朱老师您好,在讲座中您提到曾在上海师范大学求学。您能否与我们
　　分享一下成为音乐老师之前的求学经历呢?

朱　今天,我踏进这个校园,看到这一路上的建筑,感慨万千。回想起 45 年
前的 10 月,我来到这里,开始接受正规的音乐教育。你们肯定会奇怪为什
么我是 10 月份来读书的。因为 1968 年我开始"上山下乡",一直到 1972 年
的 10 月才被抽调回来读书。"文化大革命"刚开始时,大学不再招生,几年
以后,学校里的教师资源紧缺,于是上海市教委就到农村招了一些老师。我
就是这样被选上的:先通过政治审查以及各种各样的面试,然后被抽调来
读音乐教育专业。一晃 45 年过去了,我也从青年步入了老年。学校的教学
楼还是我读书时的那个样子,没有改变。这段学习经历,也成了我一生中非
常美好的记忆。

名　我们都知道,在高中,面对高考的压力,大家往往不重视艺术教育,可是
　　您用行动证明了艺术教育的重要性。是什么让您意识到这份重要
　　性呢?

朱　在这里,我要谈一个自己亲身经历的小故事。我 1974 年 1 月到学校工
作,那时学校里有毛泽东思想宣传文艺小分队,这个小分队的作用就相当于
现在的课外活动社团,活动的形式多种多样,有快板、朗诵、跳舞、唱歌等,是
一种综合性的学生课外活动团队。我第一天到学校,就有一个男孩子来找
我。这个男孩子一眼就让我感觉很特别。他跟我讲话的时候,身体站成芭
蕾舞一位的姿势,说:"老师,您虽然第一天来上班,但是我们希望您赶紧给
我们小分队排节目。"因为当时演出的内容范围很小,唱歌就是唱毛主席语
录歌和样板戏,比如《智取威虎山》《红灯记》,跳舞就是跳《白毛女》《红色娘
子军》。这个男孩子当时给我的感觉,像《红色娘子军》中的洪常青,长相很
好,跳舞的气质也很好。但是我一听他讲话,声音是完全嘶哑的,由于第一
次见面,我也不好意思问他原因。过了一段时间后,我发现这个男孩子很优

秀,就让他做了小分队的队长。后来他也渐渐成了我的"左膀右臂",很能干,而且他还是红卫兵团的副团长。那个时候我和他的年龄只差 6 岁,相当于姐姐和弟弟关系。我们互相熟悉了以后,我就问他:"你的声音为什么是沙哑的啊? 你是不是天生就这样的呢?"他说:"不是,我当时唱杨子荣的《打虎上山》,唱得太多了,用嗓过度。"我们都知道《打虎上山》的调非常高,这个学生当时正好十三四岁,处在变声时期,因为唱高音没用对方法,造成了声音的嘶哑。人在变声期的时候,声音嘶哑是治不好的。所以当时我就想,如果之前能有一个音乐老师对他适当地进行一些指导,那该多好。不过在那个特殊的时期,由于教学资源的匮乏,只要你热爱音乐,就可以做学校里的音乐老师,不像现在的老师们具备专业的音乐素质和技能。指导这个男生的老师可能本身就不是声乐老师,无意中耽误了这个孩子。

当时学生的毕业去向取决于哥哥姐姐的去向,也就是说,如果你的哥哥姐姐已经在工厂工作了,那你必须去农村。所以这个孩子毕业以后,被分配到崇明的农场劳动。因为他会跳舞,所以在农场里成为农场小分队的骨干。"文化大革命"结束后,高考恢复。当时我的一个同学正在上海师范大学做舞蹈老师,跟我说:"我们想招一个会跳舞的男孩子,你有没有推荐人选? 毕业后可以让他留校。"我当时马上写信到崇明农场,告诉他这个消息。由于做音乐老师还是要考声乐的,最后尽管舞跳得很好,但是他声音嘶哑,没有被录取,只能又回到农场。后来他被调到上海红星轴承厂,终究没有走上舞蹈专业的道路。最近几年,我们已经失去联系了,不知道他现在的情况如何。

对于这件事,我一直很心痛,觉得音乐老师对于人的一生真的很重要。如果当时指导他的音乐老师懂一些声乐方法,不让他过度用嗓,说不定他就可以考进上海师范大学,做一个舞蹈老师,那他走的将是完全不同的路。在自己的课堂实践当中,我不断反思这件事情,逐渐认识到音乐教师的专业发展应该作用于学生的发展和成长。因此,我在普通高中工作时,更多地关注、发现学生的潜能。我帮助过近十位学生考入上海师范大学音乐教育专业。目前,有的学生已经成为在上海很有影响力的音乐教师。

名　您提到过您从不被"要课"。可否与我们分享一下您是如何守住音乐教育课堂的呢?

朱　高中的音乐课目前是艺术课,是必须开设的课程,教育部门每年都要检查,但是课堂的效果并不理想,所以音乐老师在绝大部分学校领导、学生眼中,地位都不高。我一直在思考:音乐老师的根本任务是什么? 如何做一个称职的音乐老师? 多年的工作经验使我认识到,解决学科地位的问题,不仅需要提高音乐教师自身的专业素养,更要在音乐教师这个工作岗位上有所作为,"有作为才有地位"。

到了进才中学以后,校长让我制定学校的艺术课程标准。一开始这让我很痛苦,因为我以前一直在学校里从事纯粹的教学工作,从来没想过要做一个课程标准。这件事难度很大,而且,要对自己从事的艺术教育有一定高度的认识才能做。经过一番思索与研究,我提出了"普及与提高相结合,培养兴趣与发展特长相结合"的学校艺术课程目标和"艺术与其他学科相互补"的课程关系,最后我也在进才中学实施了这个标准。所谓"普及",即让每个学生都参加每周一节的艺术必修课;所谓"提高",即学校为热爱艺术的学生提供选修课。我们进才中学的学生艺术社团比较成熟的有民乐队、合唱队、书画社等,这些都是学校音乐老师和美术老师各自承担的社团课,我们还外请老师,建立管乐队等。这些都是为了使爱艺术的学生得到艺术能力的提高。这样一来,就体现了兼顾必修课与选修课、艺术学科与其他学科互补的特点。

另外,我提出在艺术课上,通过我们的教学,培养学生达到"懂欣赏能评价,懂基础善表演,懂调节能互补"的教学目标,建立"三年一以贯之"的课程体系,使学校的艺术教育课程化、制度化、规范化,努力让艺术教育成为能影响学生一生的教育。高中三年,我们有五个学期都是开设艺术课的,实际上到了第六学期有很多学生还希望我们开,但是我们觉得第六学期比较短,还是要给学生准备高考的时间。所以第六学期,我们就不开了。

以上都是我到进才中学以后,所制定的制度与建立的课程体系。即使有其他学科老师甚至班主任来问我们要艺术课上其他文化课,我们也会严格按照制度安排课程。就算现在我离开了这所学校三年多,这样的制度依然存在着。

名　那您认为一个音乐老师应该如何实现自己的专业发展呢?

朱　一个老师的专业发展是非常重要的,我们做音乐老师不能仅凭一腔热情。就拿我自己来说,像我们这一代老师,不像你们从小学音乐,到了大学又经过正规的四年本科学习,还可以升研究生。我在上海师范大学只学了一年多,就到学校工作去了,我没什么特别的本事,甚至钢琴也是到了大学以后才学的。但是我很努力,到了学校工作后,还是每天坚持练三个小时的琴。我一边工作一边读书,完成了三年的大专课程,三年的本科课程,最后完成研究生的课程。这一辈子,我都在一边工作一边读书,一直到退休的前几年,我才刚刚完成进修,这就是一个充实自己的重要过程。

　另外在这个过程中,我还利用业余的时间,向一些上海知名的指挥家如郑裕峰、司徒汉、徐武冠老师,以及上海乐团的独唱演员刘明义老师等学习。他们都是当时艺术界非常知名的老师,他们追求艺术的精神及在合唱、声乐方面的能力,对我的影响非常大。在工作中,我经常会想起他们给予我的指导以及他们的高尚品格。不断的自我提升,让我具备了感悟音乐、感染学生的基本能力。提高专业素养也是我做一个有责任的音乐老师的前提。

名　您一直在不断地摸索高中艺术教育的模式。您能否与我们分享一下您的教育理念或特别的教学方法?

朱　首先,我们提出把"感受艺术、表现艺术、创造艺术"设定为高中艺术教学活动的三个台阶,形成课堂教学、实践活动拓展、校园文化的融合。由于高中艺术课涵盖面比较广,有美术、音乐、建筑、舞蹈等,每一个门类一学期可能只有两个课时。学生想要进一步了解一个门类其他方面的知识,要等到下一个学期,这样可能就会把上一学期学习的相关知识遗忘。于是我们就提出将教学内容分成五个模块,并且还拓展了内容:高一第一学期,我们学习音乐的形成、发展、创新,作为一个专门讲音乐的模块;高一第二学期,我们专门讲舞蹈;高二的第一学期,我们讲音乐剧与歌剧;高二的第二学期,我们讲戏剧;到了高三的第一学期,我们再讲音乐欣赏。为了让学生自觉地不带其他学科的作业来音乐课堂,我们课堂上设有"说一说""听一听""演一演""学一学"等环节,所有的教学活动都在专课教室里进行,鼓励学生们大胆尝试。我的教室座位经常会排成马蹄形、半圆形,中间是空的,我和学生一起尝试学习表演。之后我们将每一个模块都拓展出一个大的活动。高一第一学期,我们的模块是音乐的发展、创新,每到10月份的时候,有个"十月歌会",专门唱进才校歌,唱歌颂祖国的歌。我在期末最后一节课讲藏族的音乐,学生可以针对其音乐特征和它的宗教信仰、文化等背景做一些相关的研究。由于我们的学生都在校住宿,我就要求他们以寝室为单位,对自己感兴趣的某个民族的音乐特征做相关的课题研究。高一第二学期是舞蹈的模块,我们会涉及舞蹈的种类、表现手法、审美,在课堂上,我会和学生一起跳,学生可以根据自己的喜好改编。拓展内容为一个跳集体舞的活动,我们会安排一个中午,让学生在操场上展现各自的集体舞。不仅全体学生跳,我们有时还会邀请班主任、任课老师一起跳,很多老师都会很积极地和学生一起跳集体舞。到了高二的第一学期,美术老师会开展做建筑模型以及服装设计的活动,到期末的时候,所有的孩子会穿着自己做的服装走台。高二第二学期是戏剧的模块。我们会要求学生自选语文书上的一篇文章,改编成课本剧。先在每个班分三个组,有三个课本剧,然后推选一个最好的,参加年级的比赛。这个课本剧的比赛是整个艺术实践活动的最高潮,所以竞争也是最激烈的。整个现场经常挤满了观众,连走廊都没有空的。

在整个实施过程当中,我们创设具有进才特色的、全体学生可以参与的各种艺术实践活动,发展学生的艺术想象能力、创造能力和表现能力,培养自信心与独特气质,使艺术实践活动成为提高学生在校学习幸福指数的重要标志。学生毕业后出了校门,最难忘的就是集体舞、课本剧表演、服装秀等活动,这也是我非常骄傲的一件事。

其次,我们的教学流程以"设问与思考、探讨与实践、创作与表演"三个环节为主。我们在备课的时候,可以参照这样的三个流程来做。我还提出了艺术的审美体验、表演实践和文化认同。这里我要特别强调文化认同的问题。其实对于高中生来说,仅仅让他知道什么是艺术还不够,你还要告诉他,艺术美在哪里,它为什么是美的,为什么要用这样的方式来表达美。其实美的艺术背后有它的文化内涵。

最后就是评价了。我们主要关注三点。第一,关注态度问题,就是积极主动的参与态度。比如有的男生,手脚不协调,但是只要你积极参与了,哪怕跳得不是很好看,也没关系。第二,关注准确到位的实作参与,也就是说你有没有认真参与到课题研究等活动中来。第三,关注分析评价的表述参与,主要是看在课堂上进行问题探讨的时候,学生是如何进行观点表达的。我们就根据这三点给学生进行综合评价。

名　进才中学音乐类社团的丰厚成果一定与您的教育理念分不开,您能否在这里分享一些关于学生社团建设的经验?

朱　第一,你要会关心学生。一个音乐老师的工作其实由两块构成,一个是课内,也就是课堂,一个是课外,也就是社团。课堂上,我们要尽量做到让所有的学生都受到良好的音乐教育。对于学生的社团,根据我自己这么多年的教学经验,要想建设好一个艺术社团,建立情感纽带是非常重要的。其实之前很多年我们并没有艺术特长生,后来才渐渐有了艺术特长生,所以要吸引学生参加合唱团。开始要让学生喜欢老师,愿意和老师在一起,后来慢慢有了每年人数近百的合唱团。高一高二的学生有时间参加合唱团,而且这些学生来自二十四个不同的班级,你必须把这些同学团结在一起,这个时候,老师对学生的情感建设就显得很重要了。你要关心学生,而不能只会训练学生。

第二,要使学生懂得情感表达。唱合唱的作品,就是要用旋律打动听众。你要告诉学生怎么用声音把情感表达出来,从而把歌唱好。其实每年这个时间段,我们的排练是最痛苦的。因为高二的学生经过一年的学习,已经养成了较好的歌唱习惯,高一的学生刚进入合唱团,很多孩子都不认识歌谱。他们唱惯了流行歌曲,而声乐需要他们把声音从喉咙里放出来,要求他们发声要有位置,这对他们来说会很困难。我会一遍遍地示范,让他们比较应该用怎样的声音把歌曲的情感表达好。然后还要告诉他们控制声音的技巧,而且这个技巧,并不仅仅是为了做而做,而是为了情感表达的需要。

第三,让学生积累表演经验。凡是有演出的机会就要提供给学生。首先是在学校的表演机会,这对学生来说,意味着自己在同学面前有了展示的机会。如果是在区里市里的比赛,大家会产生一种自发的凝聚力来争夺比赛的荣誉。其实每年的春节前后,我在音乐教室总会办一场独唱音乐会,主要是为想考大学声乐加分的学生提供交流的平台,一方面是练兵,一方面是展示给高一高二的学生看。所以作为老师,要尽量给学生提供并创造表演平台,让学生能参加就尽量去参加。经历过风雨,才能见到彩虹。有过这样的经历,特别是取得好的成绩以后,学生受到的激励是无法代替的。

以上三点,就是我在进才中学十几年带合唱团的经验!同时,我也非常高兴在进才中学培养了大批合唱艺术的爱好者,目前在合唱领域有很高知名度的青年指挥洪川就是进才中学合唱团的首任团长。

名 同学们都亲切地叫您"朱妈",可见您与学生的关系非常好。我想请教一下,您是如何与学生拥有这么亲密关系的呢?

朱 首先,还是因为我比较用心地关心学生。学生为什么会让我收获那么多情感,因为学生觉得你是真爱他们。在寄宿制学校,孩子离开父母更需要教师的关心。在平时的教学中,我经常会关注学生的神情,关心他们今天开心还是不开心,身体好还是不好。久而久之,学生都会觉得我这个老师就像妈妈一样,所以在学校里,学生喜欢叫我"朱妈"。有时候,遇到一个学生今天身体不好,我一定会关心他,哪怕他今天迟到了,我也会留他一下,问问原因,看看有没有什么能够帮他的。有的学生可能在别的学科老师那里没有得到这样的关心,特别到高二下学期或者高三,化学物理成绩不好,他们被这些学科老师批评了,没地方发泄,就跑到我这里来哭。甚至有的同学要"谈朋友"了,也会来问我:"朱妈,这个怎么样?"我会看具体情况进行回复,有的我会说:"他倒是不错,你们要相互帮助,学习不能落下哦。"有的我会说:"这个不匹配。"有时候学生饭卡掉了,第一个想到的也是到我这里来蹭饭。班里的学生丢钱了,我也会立刻掏钱给他。正因为如此,学生能够把我当家人看待,这也是我做音乐老师得到的乐趣。

其次,要有一份真正为学生去考虑的奉献精神。一般,我每天中午在音乐教室给学生义务上课,学生吃完饭,只要有时间就会跑到我这里来学习声乐,学校也不给我劳务费,因为我是自愿上的。正因为无私奉献,学生会叫我"朱妈"。家长认可我,学校领导包括其他学科老师也都认可我。比如我带过的一届学生中,一个班级中有三个人都因为声乐加分考进上海交通大学。他们班主任是一位年轻男老师,有些傲气,觉得教音乐不重要,平时跟我不大说话。自从知道这件事后,他特地跑过来跟我讲:"朱老师,谢谢! 我们班三个学生进交大都是因为你。"其实对我来说,金钱并不是那么重要,我追求的是在学校里音乐艺术学科有自己的地位。

名　您多年来活跃在各大合唱团,担任指挥,并且总是在比赛中获得优异的成绩,团员也可以在您的合唱团里收获快乐。但是带团也是一件很辛苦的事情。那么,是什么让您坚持了这么多年呢?

朱　我认为,不管是教师之间的,还是老师和学生之间的,情感的纽带是很重要的,我现在还在带区教师合唱团和几个老年合唱团队。其实我退休十几年了,有一次我就提出不带了,我真的想退休,他们就说:"朱老师,你要是不带的话就没人带了,而且我们跟你在一起最开心了。"

　　不过我也是真的开心,因为我能够在歌唱中体验情感。愉悦自己是歌唱最美的事情,所以让合唱团员去体验怎么唱得好听,这是我的一个法宝。我随便举个例子。合唱《我像雪花天上来》这首歌,仅仅用美声的方式来唱,我觉得还不够好,我会想象雪花飞满天空的样子,要大家去找到合适的音色、合适的力度以及旋律流动的感觉。所以你一旦把歌唱得好听,学生也会感动,包括我现在带老年合唱团也是如此,唱歌就是要用音乐来感动你自己,不用讲很多技巧。其实,能够打动人的歌声,才是好听的。一首歌如果仅仅是为了显示技巧,显示发声方法正确,那么就打动不了人。我选的歌学生都喜欢唱,因为我选这歌之前,一定会考虑学生的能力怎么样,要想好怎么让学生唱得好听,他的情感表达到底是什么样。每首歌都有它特有的情绪,我们不能用一成不变的声音状态去唱,要用变化的声音。这首歌需要什么样的声音,我就用什么样的歌声来唱。当然学生一开始都不懂,我会用几种不同的声音唱给他们听,让他们辨别哪一种更好听。

有时候我会在假期进行集训。因为平时学生课业也繁忙,排练就那么一点点时间。期末考试结束了以后,我都会安排两天的集训,这个时候我就会叫几个学生一起出来唱,相互学习相互探讨。

名　从您多年的带教经验出发,您认为新入职教师在跟随带教师傅的时候,需要注意哪些事项?

朱　首先,对老教师要尊重。就拿我一个徒弟的例子来说,她从江西来上海大概十几年了,一直在浦东一所比较偏远的农村学校里教书,职业成长不是很快,但是因为她是我带的教师合唱团的成员,所以我能感觉她比较要求上进。正好上个学期有所学校缺音乐老师,校长又是我很好的老同事,他要求我要找一个好一点的老师,我就把这个老师推荐过去。尽管能力不是很强,但是她有想把这份工作做好的想法,比只想混混日子的音乐老师要好。前几天这个年轻的老师来跟我讨论,她要上一节初中的京剧课。她说,她要跟学生讲生旦净丑、唱念做打,让他们去感受、参与、了解概念。我就跟她提议给学生做一个小小提升。我建议她去看看旦角,旦角在唱的时候,为什么嘴巴不露齿,服装都是长裙子? 这是不是与我们古代对女子笑不露齿、行不露足的道德规范有联系? 演员的表演方式、服装设计等实际上体现了特殊的文化背景,所以上课的时候挖掘出这样的文化内涵,一定会使你的课上得很好。但是她并不理解我的建议,后来我就说你应该把最后学生的讨论引导到我给你的这个提议上,那么在前面知识点学习的基础上,学生去理解内涵、背景也不难了,但她后来还是没有完全理解。像这样的年轻老师,已经上了十几年的课,但是我给她这样一个引导,她还是一下子不能接受,这说明她其实没有很仔细地斟酌你的话。如果本来就能够有一点自己的想法,我再给她一些点拨的话,她就应该知道了,这估计是她前面根本就没有太多自己思考的缘故。从这个例子中就能看出,每个年轻教师有老教师的带教,就会成长得更快。学校里的老教师经验丰富,能得到老教师的帮助,就等于站在人家的肩膀上,否则你自己只能从头开始摸索,要花很长时间。像我刚刚工作的时候,学校没有音乐老师,前期我自己摸索了很长时间,像我之前说的第一个故事,学生出了这个问题以后,我就要去思考,音乐教师应该做成什么样子。所以,年轻教师要尊重老教师,很真诚地来讨教,那我想一般老教师都会把自己知道的都会告诉他,这样实际上得益的是你自己,你就会少走弯路。所以跟老教师的沟通很重要。总之,第一天跟带教师傅,你肯定要态度真诚一点,至少对老师尊重一点。

其次,到了学校,有些事情你需要抢着做。比方说,我曾经的办公室同事和徒弟,尽管 2013 年她获得了论文全国比赛一等奖、教学录像比赛一等奖,但是她原先不会关注办公室的卫生,桌子上乱七八糟的。像我们年纪大的人,对于一些办公室卫生上的小事情,看着就觉得很不舒服。年轻人更应该主动打扫,让你的办公场所整洁、干净。

另外呢,有缘在一起工作,实际上每天一起相处的时间要比和家里人长,讲话的语气上相互尊重,那么人家听着也会比较舒服。这就是我之前说的,做一个聪明的音乐老师。你想,如果一个人说话真诚,另一个人说话虚伪,老教师会更喜欢哪个呢? 所以,对于年长的老师要尊重,能够让老教师把你当成孩子,就说明你做成功了。在办公室一起工作十多年的徒弟,我带了她十几年,她把我当妈妈一样。她说,朱老师,其实我很多话都不跟爸爸妈妈讲的,我还是愿意跟你讲。可见大家相互关系处理得比较好,这个当然也是慢慢来的。她现在要备课,要上公开课,都会一步一个环节地跟我讨论。但是一开始她也做不到,为了带教她,我们两个人都是同步地教教材,一个年级我们两个人一起上,她先听我上的内容,回去她就照搬一下,不用动脑筋。其实这对她没有好处,应该是你也动过脑筋,然后再听我说,这样你可能就会有新的感受了。到后来她渐渐明白了这个道理,这说明新教师的成长也是有一个过程的。

名 您觉得做一名合格的音乐老师,应该具备怎样的素质呢?

朱 作为一名年轻的音乐老师,第一,能力很重要,就是我之前讲的专业发展。第二,要聪明,要思考你在这所学校想做成什么样的艺术教育。这两点一定是最起码的。比方说,在一所学校,老师带合唱团很用心,把社团搞得很好,可是他上课不去用心钻研,我就觉得他把西瓜丢掉了,捡了一颗芝麻。我们应该首先让所有的学生都接受好的艺术教育,而不是只抓一部分人。

所以,我想音乐教师首先应该一专多能,这是指你有一项专长一定要比别人都行,超过别人,然后其他几样也都要会。比如一个声乐专业的老师,应该跳舞也行,朗诵也行,这是工作的需要。要不断地去自主研究,特别是到了高中要上艺术课。即使不到高中,不用上那么多内容,也要不断地学习,更何况现在初中八年级涉及的东西已经很多了。其次,现在有很多教学技能的比赛,不仅仅是比声乐或钢琴,更是各种专业技能的比拼。其实,归根到底,我认为我们的老师要做一个"万金油",什么情况你都可以派上用场,然后找到自己工作的亮点。否则,你就很难适应现在的学校教育工作。这就像战役一样,比方说我之前做的一些活动,你把事情做好了,人家都说你好,他们反对也反对不了。你自己必须想清楚的,特别是现在教学改革以后,我觉得综合的艺术对于学生的发展真的很有用。音乐只是一个方面,我们把其他的艺术门类都教给学生,学生的视野就宽了,你让他参加的活动多了,他当然能力就强了。接着你要学会与人沟通,尊重老教师,向他们学,这是聪明的表现之一。还有就是跟领导沟通。你对学校艺术教育要有自己的想法,然后要去跟领导沟通。领导呢,说实在的,他要管很多东西,不会对你这个学科思考很多。但是如果你自己思考了,去讲给他听,我相信大部分的校长是会支持的,但关键是你自己要有想法,想法要切实可行,要从小的方面入手。

第三,要跟其他学科老师沟通。因为有的时候你参加一些活动可能会影响到上课,这个时候,就需要班主任的理解了,你要学会跟他们沟通。说实在的,我在学校的时候,连门卫都沟通了,你要尊重他们,还有后勤的老师,你也要尊重他们。我现在发现我们有一些年轻人很"清高",觉得自己很了不起,老教师他都不放在眼里,更不要说什么门卫了。我认为,如果你想做好一件事情,必须有多方面的协作。比如你今天要演出比赛了,大客车要进校,门卫帮你指挥一下,你也受益了。你平时进门,不理睬别人,那以后吃亏的实际上就是你自己。我们经常说"同行是冤家",但其实,学校里边有同行在,特别是老教师,你把关系搞好,可以少走很多弯路。所以与人沟通是方方面面的,如果在平时的工作生活中你都能关注到的话,其他工作你便可以得心应手了。

清歌流韵皆育人

——访原上海市教委教研室中小学音乐学科教研员、上海市教育学会中小学音乐教学专业委员会主任王月萍

王月萍，1956年生于上海，上海市教育学会中小学音乐教学专业委员会主任，上海师范大学兼职副教授、音乐学院硕士生导师，曾担任上海市艺术教育委员会副秘书长、上海市教育委员会教学研究室中小学音乐学科教研员。

王月萍老师曾被评为"音乐学科带头人"，荣获教育部体育卫生与艺术教育司指导教师奖。她曾编著《小学音乐教学研究与实践》《清歌流韵皆育人——上海中小学音乐新课程实施研究与实践》《备课——从分析学情到教学设计》等书，参与编写全国教师培训教材《音乐教学基本功训练》，担任《上海市中小学音乐课程标准解读》副主编，有多篇论文在《学科教育》《上海师范大学学报》《上海教育》《现代教学》《上海教学研究》等刊物发表。

访谈时间　2017 年 6 月 22 日下午
访谈地点　上海市静安区闸北实验小学三楼会议室

名　王老师您好！您能否先详细地和我们介绍一下您的专业成长生涯呢？

王　1973 年，我进入了上海市幼儿师范学校，就读于幼儿教育专业三年，毕业后我就走上了工作岗位。直到 1985 年，成人高考恢复，我参加了考试，成功考入黄浦区教育学院音乐大专班，在职攻读音乐专业三年并顺利毕业。20 世纪 80 年代，大专毕业以后并没有本科可读，于是我就一直等，直到 1996 年，我进入上海师范大学音乐系攻读在职"三结合"音乐本科，学习三年，也顺利毕业。所以我最后的学历是本科，这是我就学的经历。

我从入职教师岗位到退休，工作了三十五年。1976 年毕业后，我被分配在当时的闸北区红专学院幼教组任幼儿教育教研员，在岗六年。到了 1984 年，我调到闸北区教师进修学院师范部幼师班任音乐教师，担任舞蹈、钢琴和音乐教学法教师，并兼任班主任。那时候我比学生大不了多少岁，所以大家平等相处，我也注意对学生晓之以理，动之以情。我所带班级曾经荣获上海市"文明班级"称号，我个人也获得了区"优秀班主任"称号。其后，闸北区教师进修学院创办实验中学，我执教中学音乐课，担任学生合唱队和舞蹈队的指导教师。每周十八节课，又要做班主任，还要带两个学生专业团队（社团），后来又兼任音乐教研组长，工作量很大。当时我们有八位音乐老师，我年纪最轻，但大家都说让年轻人多做点。我就这样做了，一干就是六年。这六年虽然工作量大，压力大，但是收获也很大。记得有一年我因患胆囊炎、肝炎一连住了三次院。因为当教研组长，事务繁多，所以经常不吃早饭，早上七点前就要到校，晚上七点后才离校，日积月累，留下了病根。但我自己有追求，希望成为一位合格并受学生喜欢的教师，所以每次从医院吊完药水后，我都会直接回到学校继续上课，这也使得我的学生对我尊敬有加。1990 年，我调回闸北区教师进修学院任中小学音乐教研员。2001 年，我又调到上海市教委教研室任中小学音乐教研员，直到 2011 年退休。这三十五年中，我六年在学校教学，二十九年从事幼教和中小学音乐教研工作。这段生涯对我的人生来说，可算是一段比较漫长的经历。

名 您在职业生涯中获得了哪些特别的感悟？

王 说到感悟,有三位名人的名言像烙印一样刻在我的心里,影响了我的一生。我记得在幼儿师范学校毕业典礼上,左淑东校长对大家说:"不要把教师岗位看成一种职业,应该看成事业。"这句话影响我至今。我很爱看书,曾读过一本小说《钢铁是怎样炼成的》,是苏联作家尼古拉·奥斯特洛夫斯基所著,里面有句名言:"人最宝贵的是生命,生命属于人只有一次。人的一生应当这样度过:当他回首往事的时候,不会因碌碌无为、虚度年华而悔恨,也不会因为人卑劣、生活庸俗而愧疚。"这句话时常在提醒我,人的一生要做点有意义的事,要扎扎实实,一步一个脚印往前走。除此之外,唐朝诗人李商隐的诗句"春蚕到死丝方尽,蜡炬成灰泪始干"也始终激励我。立志投入音乐教育事业,就要付出全部心血。所以,三十五年教学教研生涯中,尽管家里上有中风老人,下有小孩,自己有时候还患病,但为了学生,为了职业的发展,我坚持全身心投入工作,努力学习,不断实践,拓宽视野,追求卓越,甚至退休后还带着这种情怀"发挥余热"。其间,我也承受过家人、同事、领导的误解,但我仍然不忘初心,心怀目标,有期待,不懈怠,更没有后悔。一路走来,我要感谢能让我发挥作用和奉献智慧的众多平台。我曾受聘担任上海市中小学骨干教师音乐艺术学科德育实训基地指导教师、上海市普教系统名校长名师培养工程音乐名师班导师、上海师范大学兼职副教授和音乐学院教育硕士研究生导师、上海音乐学院教育系顾问。我还曾经担任市级评委,受聘为上海市教育评估院中学教师高级专业技术职称任职资格评审音乐学科评议组成员、上海市教委教研室教研员教研专业能力评优和历届市中青年教师教学评选活动评委等。另外,我还兼任学会工作,担任中国教育学会音乐教育专业委员会理事、中国教育学会音乐教育委员会舞蹈学术委员会副主任、上海音乐家协会理事等。目前我担任上海教育学会中小学音乐教学专业委员会主任。

经历这三十五年的教育教学教研生涯,我觉得自己犹如在攀登一座高山,到了山顶,再回头看,看什么呢? 看我自己走过的脚印是否扎实,是否已经尽了自己所能。我想我的回答应该是肯定的。尽管已经退休,但对音乐教育事业的这种情怀可能还会伴随我终身。

名　那请问您是怎么走上音乐道路的呢？是因为自己喜欢，还是因为父母以及他人的影响呢？

王　主要受我母亲的影响，她认为无论男女都应该学些琴棋书画。我幼儿时生性活泼，听到音乐就能自己编创动作，经常在大人面前表演。于是上幼儿园时，我母亲就与老师进行沟通，希望能让我多参与各类活动。开始我还不会唱歌，却能跟着老师的歌声手舞足蹈，老师发现我舞蹈动作比较协调，就建议我学习舞蹈。我的音乐之路可以说是从学舞蹈起步的。

　　上小学之后，我参加了区少年宫舞蹈队，随后还参加了中国福利会少年宫舞蹈队，参与迎接宋庆龄到上海访问和外宾接待等活动。三四年级时，上海市舞蹈学校来选拔学生，少年宫推荐学芭蕾的我去考试，我顺利考进了复试。于是，舞蹈学校邀我父母到校，想从父母体型来判断我是否适应舞蹈专业。我父母从与老师的交谈中知道学校考虑收我去舞蹈学校学舞，把我培养成演员，但我父母不同意我将来做演员，所以我未入学。我小时候还有一个爱好，就是跟着广播电台学唱样板戏，尽管没有拜师学过，但是我唱得有模有样。后来上海京剧院学馆来招生，觉得我唱得很好，尤其是唱《红灯记》李铁梅选段。老师觉得我可以通过专业训练，当青衣或花旦。我母亲一听，觉得不妥，又不同意了。母亲的意思是，学点艺术是应该的，但不能把做演员演戏作为职业。

　　"文化大革命"结束，我们又可以正常学习了。我所在的中学文艺小分队有许多表演机会，我多次在《红色娘子军》《白毛女》等剧目中担任主角，展示我的芭蕾技能。可我母亲觉得我应该学点文雅的，让我学器乐。当时，我舅舅是上海市第六人民医院的口腔科医生，他认识很多文艺界名人，让我拜识了几位上海乐团的老师：钢琴老师顾毓秀，乐团首席钢琴伴奏；手风琴老师方圆，乐团手风琴独奏演员；声乐老师赵宪，上海乐团首席女高音，也是女歌唱家黄英的师母。之前我的声乐老师是上海音乐学院声乐系主任、赵宪老师的丈夫卞敬祖。有一次我到他家学唱歌，他听了我唱歌后说，我的音色和声区特点比较适合唱花腔女高音，应该让赵老师教，于是赵宪老师成了我的声乐老师。

　　1973年进师范学校的大多数学生都是"一张白纸"，我却不是。当时，我舞蹈的基础已经很好,钢琴也能弹巴赫的两部创意曲以及奏鸣曲等作品。声乐学的是美声唱法,我大多演唱的是歌剧片段或经典中国声乐作品。后来业余时间,我又跟上海市舞蹈学校的朱平教授学了三年民族民间舞,自学了古典舞。在幼儿师范学习期间,我还跟张莉老师学了儿童舞。这个基础特长也使我在走上音乐教师岗位后,可以创编舞蹈在市级学生艺术比赛中获得奖项。我的学艺经历为我走上音乐教育之路打下了坚实的专业基础。

名 刚才您说到您母亲对您职业的选择起到了非常重要的作用。那么哪位老师又对您一步步走向今天产生了深刻的影响呢?

王 对我职业生涯影响最大的一位老师叫苗韵兰,她是我到师范学校教书的带教师傅,现在已经过世了,每次说到她我都很感慨。在我上第一堂课前,她就告诉我要如何上好音乐课。比如,教师教学心中要有学生,教师示范要能打动学生,唱、奏、舞要引领学生的审美,一招一式不能马虎。她还要求我:教师不仅要从学科知识、能力方面教育学生,更要在做人方面加以引导,让你的学生看到你的自信和不怕困难的精神;教师要通过自身魅力来引发学生的喜爱。当时她是教研组长,但对我非常器重。她对领导说:"现在王月萍要求上进,打了入党报告,要好好培养,要给她压担子。"随后,她主动说让我来担任教研组长。当时组内有八位经验丰富、学识水平高的老教师,她怕他们不认同我,就去做工作,说世界未来是年轻人的,老教师要培养年轻人,最后获得了其他教师的认同。接着她就教我如何做好教研组长,同时做好班主任和任课老师的工作。她一步步带着我,让我学会了很多。她对我说,她非常认可像我这样的青年教师:第一不怕苦;第二说得起,听得进别人的批评并会去改正;第三,会反思。做对了,反思是怎么做对的,总结经验;感觉没做好,反思为什么没有做好,问题出在哪里。长此以往,也就形成了一种思维方式。回顾以往,每当我在工作中碰到困难,她就与我促膝谈心,帮我分析问题所在,并提出改进的建议,鼓励我克服困难前行。她是我人生不可多得的导师,她的教诲使我终身受用。每当想起她,我内心就充满了感激。

名　您说过您在做教研员期间,每学期要听一百多节课,每节课都要写听课记录,收集第一手资料,甄别每节课的优缺点。您这么做的动力是什么?

王　我认为教研员的天职,一是要为他人"做嫁衣",要服务教师,培养好教师,二是要为他们的专业发展指明方向,搭设平台。

　　教研员要做好"嫁衣",必须从了解教师开始。我任区教研员期间,单位里要求教研员每个学期要听六十节课。当时闸北中小学音乐老师一共一百多位,为了解他们,我不但听课,还把每位老师的基本情况做成了一张一张小卡片,放进一个名片夹,帮助自己了解教师,进行分层培养。通过听课活动,我把每一位教师的教学过程都详细记录在案。课后交流既有肯定,也指出问题,通过分析,对教师提出改进建议。这方面我很用心思,这样能对每个教师的基本情况和教学水准了解较透。为此,我一学年听课基本在两百余节,积累了不少研究、指导的案例和经验。

　　2001 年我到市教研室担任中小学音乐教研员后,要求每一学期听三十节课,虽然在数量上比区里少,但研究的范围更宽广了。我想,教研员是需要泡在课堂里面的,你不浸润在里面,怎么能发现问题所在呢? 除此之外,教研员还要全面地了解教师,更好地帮助他们改进课堂教学。所以,我给自己加码,一个学期要听八十节课,再忙也要听四十至五十节课。要做到有针对性地听课研究,还要覆盖各区县,尤其是郊区。通过深入课堂调研,积累第一手资料,我也能知道音乐学科的课改实际成果是怎样的,问题又有哪些。这样我对学科的现状心中就有底了,学科的教研方向就清晰了,可以更好地针对问题制定目标进行教研工作。所以我再忙再累都要下课堂,除了听课,还与教师交流,倾听教师呼声,了解他们的需求,在交流中相互提高。

名　您认为教师在教学中如何既体现课型的特点,又体现基本的教学流程,并在此过程中有所创新呢?

王　音乐学科的教学模式,是不定式。其实要上好音乐课,很重要的一点是要遵循音乐教学的规律,在这个基础上,你才能创新。音乐课本身是有规律的,比如欣赏课,你先完整听,再分段听,再完整听,这就是一个模式,也是音乐欣赏的基本规律。这个规律是基于前人经验的。歌唱教学也罢,欣赏教学也罢,第一遍为什么要完整听呢? 就是为了让学生在听的过程中获得对音乐的完整乐思。如果教师没有让学生完整地聆听音乐,这里掐一段,那里掐一段,学生对音乐作品就会缺乏完整的感受。此外,要在此基础上进行创新,对创新教学模式进行探索,关键要注意在日常的音乐教学实践中培养学生的创新意识和创新能力,更具体的,是要指导学生即兴创编,学习创作的基本方法和有关技能,如节奏创编、开展音响模拟、旋律接龙、音乐情景小品编创等活动,尤其是要研究多种策略方法来实施教学的创新。

名　学生走进教室时并不是一张白纸,他们是带着音乐和非音乐的知识进入课堂的。作为老师,如何快速了解每一个学生?

王　教师了解学生要有细心和耐心。学生差异大,可塑性很强,不能指望一堂课就对每个学生有全面了解。音乐课课时较少,小学一周两节,初高中一周一节。只有这个学生上你的音乐课又参加了你的团队,你才能对他比较了解。

　　所以,我认为音乐教师要做有心人,既要面向全体学生,也要关注个性发展,在教学时创设问题情境,给学生一定的时间与空间去展现自我,注重师生互动,从中了解学生的学习情况。当然,也可以利用课余时间去接近学生,了解他们的需求。

名　您在专业研究中提出了哪些音乐教育的核心理念或教学方法? 您是怎样提出的?

王　说不上是我提出了理念,更准确地说,是我认同、接受甚至是整合了那些音乐教育的核心理念。我坚信,音乐教育的核心价值是育人,是培养面向未来的现代人,他们要具有符合这个时代的以音乐为载体的审美素养。这种素养包括对前人经典音乐作品的了解掌握,看重的是对作品内涵的感悟,以及各种丰富的体验过程。归纳起来,就是与审美素养相关的理解力、感悟力和体验经历,其背后是对音乐文化艺术的终身爱好,形成求真、向善、赏美的品质。这就是我所认同的理念。

为什么提出这样的观念呢？我认为，要强调音乐所具有的生命力，在和谐社会中的不可取代性，关键要聚焦在人的身上，聚焦在人的社会属性的素养上。可以这么说，音乐教育是培养人的教育。在一个创新发展和大数据背景下的社会转型时期，课程转型的标志是从为学生眼前的发展服务转变为他们的终身发展服务。要借助信息化，促进教育的现代化，实现跨越式发展。重视结论、重视知识技能学习要让位于重视学生学习的经历和过程，让位于重视学生综合艺术素养的整体发展。课程的转型也驱动了音乐课堂的转型，新的课堂，要关注学生的差异、知识能力的生成、情境问题的解决、知识技能的建构，更要关注音乐审美素养的培育。这个转型是当代学科改革的突破点，需要教师通过提高课程的执行力、研究教学的方法策略来落实。

名 王老师，关于您的许多科研成果，能否跟我们说一说呢？

王 我的教学科研成果大概可以分为两部分。一是研究论文，主要涉及课程改革、教研工作、教师队伍建设、课堂教学等，有十多篇，发表在《上海师范大学学报》《学科教育》《上海教育》《现代教学》《上海教学研究》等刊物上。二是出版的专著，主要涉及课程改革研究与实施、音乐教学研究、音乐教师专业基本功训练等，如"中小学音乐教学专业指导丛书"（三本，涉及舞蹈组合、歌曲伴奏、打击乐配器），"课堂教学改进五环节丛书"中的《备课——从分析学情到教学设计》。成果大多聚焦于音乐教师的专业培养，帮助他们实现专业发展。

我当区教研员时主编《小学音乐教学研究与实践》，当市教研员时主编《清歌流韵皆育人——上海中小学音乐新课程实施研究与实践》（有四十多万字，其中我撰写了几万字）。后者出版至今，始终受到教师欢迎，因为该书反映了上海中小学新课程实施过程中课程建设、有效教学、有效教研和教师发展等方面的成果，包括不同题材的论文和研究报告，有教育案例和教学设计等文本，教师觉得有应用价值。

我的一些论文还在有关评选中获奖，如《对我国中小学音乐课程改革发展的几点认识》获得上海市教研员论文评选一等奖，还有数篇在全国音乐教师教学研究论文评选中获得奖项。

名 您曾经带过的学生中,有哪些现在仍在音乐教育事业中发光发热?

王 我对带教的学生都比较认可,现在有一位担任静安区少年宫主任,还有
一位担任静安区闸北实验幼儿园园长。因为任教只有六年而任教研员二十
九年,所以更多的是指导一线的音乐教师和区教研员,总共约有十多位,有
些有"契约"关系,但基本是义务性质。其中不少教师和教研员在自己的岗
位上为上海的音乐教育教学做出了贡献,其中有学校骨干甚至领导,有区名
师及学科带头人,有市、区音乐教研员,还有几位后来成为特级教师和正高
级教师。如担任过市音乐教研员的席恒,静安区第二中心小学党支部书记
和校长曹晏平,都曾是我正儿八经的"徒弟";还有些有过短期指导或专项指
导的关系。他们都在各自的岗位上,为音乐教育作出贡献。

我对带教和指导工作都非常用心,很多时候工作都在业余时间进行,教
导学生如何做人、做事等。其中的甜酸苦辣可能也只有自己知道。但一看
到他们的成长和进步,我就会感到欣慰和自豪。当然,这种成长和进步更多
来自他们自己的努力和智慧,我也不会居功自傲。只要对音乐学科发展有
利,对他们的专业发展有利,我也心安了。

名 王老师,从入职到现在,您在从事教育工作的过程中遇到过什么挫折?
您如何克服了这些困难走到今天?

王 从教三十五年的经历中,谈不上有明显挫折,但困难时刻会遇到,会面
对有难度的任务。面对繁杂的工作,克服困难的办法主要就是"弹好钢琴",
把握好尺度,利用好资源,实现合作共赢,克难前行。从教研员职责的角度
说,一是要体现研究、指导、服务。要甘为他人"做嫁衣",搭设多种支持教师
专业发展的平台。我认为这些工作既有困难,也有乐趣。二是要体现工作
智慧和内心胸怀。要研究教师,使不同层次的教师都能得到相应的发展,提
高队伍整体水平;要用欣赏的眼光看待不同的教师,要容得下各种教师的不
同教学风格,在"各美其美,美美与共"中打造和形成学科文化。这样,不少
困难就迎刃而解了。

在教学指导上,改"模仿型"为"研究型",提高教师的教学能力:一要强
化研究意识,构建研究模式;二要讲究研究层次,建立研究网络;三要拓展研

究内容，提高研究深度。

在师资建设上，改"接受型"为"互动型"，增强教师的教学素质。针对青年教师培养，我主要抓五个"子"：一是"出点子"——为青年教师成长提供思路；二是"结对子"——为青年教师物色指导教师；三是"给梯子"——为青年教师发展层层铺垫；四是"压担子"——为青年教师增添动力；五是"搭台子"——为青年教师创设发展的条件。

在服务意识上，改"急救型"为"自助型"，提升教师自我发展的能力：一是学习现代教学理论，努力成为学者型教师；二是学习教学技能，努力成为多能型教师。

其实，在这些岁月中，我自己也和教师们共同成长，从一个初出茅庐的年轻教师，慢慢成为一个较成熟的教师，经历了从教路上的酸甜苦辣，力图成为一名"有思想的学者"。

我获得了有关部门的嘉奖，其中有带教指导的，也有个人的。如1998—2003年我被评为音乐学科带头教师，2010年在第二届全国中小学公开课电视展示活动中获优秀指导奖，1998—2004年获得教育部体育卫生与艺术教育司全国中小学音乐课评比活动指导教师奖。

名　您认为如何才能成为一名符合标准的音乐教师？

王　我认为教师的专业知识，一是学科知识，二是教学知识，合二为一即学科教学知识。这也是美国斯坦福大学的一位教授在"教师知识发展"研究计划中提出的一个概念：Pedagogical Content Knowledge（学科教学知识），简称"PCK"，指教师通过综合运用专业学科知识与教育学知识理解特定主题教学如何组织、呈现，以适应学生的不同兴趣和能力。它是教师个人教学经验、教师学科内容知识和教育学知识的特殊整合。

目前我国教育部对教师提出了专业标准。我将音乐教师的学科专业素养归纳为三方面：一是学科知识和艺术素养，二是专业理论和技能技巧，三是教育理论和实践水平。当然，不同层次教师的要求会有所侧重。

第一，对新教师而言，音乐专业领域的基本功要扎实，这又体现在两方面。

一是基础知识。音乐老师要系统掌握音乐课程标准和相关教材，了解音乐教学的主要理论与流派，了解国外优秀的音乐教育理念。而如今学生所知仅限于奥尔夫、柯达伊、达尔克罗兹等，这是不够的。各流派的教育思想、课程观点是什么，你需要知道。你还要掌握音乐课堂教学的基本环节要求和基本规律，每一个环节有什么要求，要清清楚楚地知道，所以需要去见习、实习。要了解与音乐相关的社会教育资源。除了教材，是否还有别的资源？如本地资源、社会场馆资源。还有音乐学科课程演变与发展的要求。作为新教师，在进入课堂之前这些都要知道。

二是基本技能。规范的音乐教学语言要有感染力，音乐教师不同于语文教师，本来说话的机会就很少，要设计好每一句话，思考归纳语和引导语怎么来鼓励学生、启发学生，你的语言要有感染力。要提升你的示范能力，如你的范唱能唱到什么水平，能否准确地演绎作品。只有提前了解内涵、背景等，你在示范的时候才会有底气，这个很重要。操作使用音乐教具要熟练正确。以前对音乐老师的要求是会歌唱和钢琴演奏，现在有的老师只会唱不会奏，或者只会奏不会唱，更不要说课堂的音高乐器、打击乐器。比如低年级唱游课教材内容中涉及六种民族民间舞蹈，你是否会呢？你不能因为自己不是舞蹈系毕业的就不教授。音乐学科具有综合性，唱、奏、舞都要会。还有就是设计音乐教学课件要有效创新。尽管现在我们提供了相关的资源，但是你不能照搬，你要根据自己的主题内容、学生的学情来调整或者补充，这是新教师需要掌握的。

第二，骨干教师教学要形成专业特色。我认为有五个方面，包括课堂教学导入艺术——导入时间虽然不长但是非常重要，还包括教学情境创设的艺术、问题的生成艺术等。以前听高中音乐课，教师的设问很重要，问题抛出去，引领学生进入音乐学习状态并思考的问题。比如探究中国南北民歌的特点，就从问题引入，而不仅是从音乐，这更反映了一种地域文化，这种地域知识可以拓宽学生的视野。教学互动的设计艺术，不能只是教师讲学生听，现代课堂是一个学习共同体。现在课堂教师自问自答多，做不到老师问学生答，更没有学生问老师答，或学生问学生答，这就是课堂互动的文化没有形成。学习兴趣激发的艺术，这方面我们还是做得比较好的。这些可以由一个环节、一种技能发展为特色,也可由多个环节、多种技能发展为综合性特色。

第三,一名教师要有思想,有风格,有成果。一是要有教学风格,即特定教学艺术的累积和相应教学特色的发展。一个成熟教师的经验积累,要有自己个性的具体表现。如有的教师课上用了五种乐器,最突出的是打击乐器,因为他不但自己能教学,还能编教材,带领团队,指导别的老师,展现他对个人风格的追求。二是要有教学思想,以音乐审美为核心,基于文化素养和学科视野。名师对教学的本质功能有清晰认识,具有较深厚的理论功底;对教学的实践体验理解深刻,善于对经验进行归纳梳理。三是要有教研成果,以实践层面的无形成果引领,以经验辐射扩大影响。如全国教学交流平台上进行公开教学的《铃儿响叮当》,一说到这个课,大家就想到席恒;说起亚太地区音乐教育研讨会平台上的公开课《森林铁匠》,大家会提曹晏平。这就是扩大的名师影响。将这些教学研究和实践中的思想经验变为文章或著作,便成为一种有形的成果。如名师创编的音乐乡土教材,已经翻译成中英文对照的国际版,这就进一步扩大了影响。

总之,面对音乐新课程的实施,我们音乐教师必须努力学习,积极进取,促进专业发展,提高教育教学质量,实现中小学音乐新课程实施的理想目标。

名　王老师,感谢您的分享。最后,您有什么话想对上海师范大学音乐学院的师范生说呢?

王　我对他们很期待。之前还收到相关学校领导发给我的微信消息,询问有没有优秀新教师可以推荐,他们急需音乐教师,学校层面的需求量很大。我也曾和施忠院长说,我们上海师范大学音乐学院在这方面做得比较好,不仅让学生在学校里学知识学技能,还组织学生去学校进行教学实习,请有经验的老师来座谈、讲课,这都是非常好的。为什么我要这么认真地做这些?一方面,作为校友,我把来母校讲课当作一个重要的任务来完成;另一方面,就是责任,要对学弟学妹谈谈我们关于人生经历的体会。虽然我们的年龄差距较大,但是如果心中有共同的信仰和追求,那么精神上就没有差距。最后我想说,能做一个受学生喜欢的音乐老师,真的是很美好的一件事。谢谢!

乐海行舟，诗意领航

——访上海市音乐特级教师施红莲

施红莲，出生于1969年，上海市特级教师。

先后毕业于上海音乐学院和上海师范大学音乐学院。担任华东师范大学特聘教授、上海市双名工程音乐（艺术）攻关基地主持人、特级校长合唱团团长、全国基础教育音乐名师工作室联盟副主席、上海市闵行区中学音乐（艺术）教研员、国家教师资格证考官组组长、全国和上海市中小学音乐课标修订组核心专家、全国中学音乐教材分册主编。曾获上海市领军人才后备、上海市园丁奖、上海市优秀全能教研员等荣誉。出版个人专著两部，在国家级核心刊物发表论文二十多篇，三次获得全国一等奖。

施红莲老师在长期的教研工作中积极倡导"三情教学法"，首创"三台合一、三位一体"音乐教师专业发展模式，在音乐教育领域产生了广泛的影响。

访谈时间　2017 年 7 月 2 日下午

访谈地点　上海市闵行区教育学院施红莲音乐名师工作室

名　施老师您好！您最初是在什么样的契机之下开始学习音乐的呢？您认为专业音乐学习经历给您的职业生涯带来了怎样的影响？

施　其实，我学习音乐最初还是因为兴趣所在，这要感谢家庭对我的培养。我出生在一个文艺家庭，我母亲是沪剧团演员，家里的音乐气氛很浓厚。因此我从小耳濡目染，长大后痴迷地热爱音乐。当然仅仅热爱音乐是远远不够的，我很幸运能有机会考入上海音乐学院师范班进行正规的音乐专业学习。

上海音乐学院师范班给我的专业成长和职业生涯带来了巨大的影响。记得上海音乐学院的老院长江明惇老师曾在我们同学聚会时用"路子正"这三个字指出走好音乐教育职业道路的前提。我可以用自己的专业成长经历告诉大家，音乐教师自身专业学习的路子是否正规确实非常重要。回忆过去在上海音乐学院师范班学习的经历，确实感慨万分。当年，我们亲身感受了上海音乐学院教授们的专业风范，其教学的规范性、严谨性和实践性确实是影响我一辈子的。当时的师范班非常强调音乐教师的"一专多能"。"一专"指主专业。举个例子，当时我在音乐学院的主专业是美声，而小学音乐课堂，需要我们做一个童声唱法的示范。这时候我必须学会转化，但是这种转化一定要建立在前期正确的美声科学发声的基础上。在师范班的学习中，声乐老师教授了很规范的发声方法，所以我能很迅速地转化过来。如果没有这样的声乐基础，我很难给学生示范正确的发声和唱法，这些都是我在上海音乐学院几年来积累下来的专业底气和能力。"多能"指其他多种专业能力。除了唱、跳和钢琴之外，我还学习了作曲、演奏技法（包括西洋乐器和民族乐器的技法），此外还涉及了中国舞、外国民间舞和现代舞等的学习。当时我们师范班是按照"如何做好一名优秀的音乐教师"来设计课程的，所以音乐专业的学习比较宽泛。我也十分努力，在师范班获得了钢琴、声乐专业并列第一的好成绩。举个例子来说，在小学的课堂教学中，多样化的伴奏技巧是非常重要的。你不仅仅要弹标准的五线谱伴奏，还要看简谱、字母谱，会弹不带旋律的伴奏，二声部的伴奏。这些即兴伴奏的本领都是在音乐学院学习所得的，各种音乐专业技能的学习为我的教师职业发展奠定了扎实的基础。从新手教师到将所学知识灵活运用于课堂教学的成熟教师，从"学习音乐"到"教书育人"并且不断取得教学成就，这一切真的首先要感谢我在上海音乐学院师范班的专业学习经历，它为我之后的音乐教师职业生涯打下了很好的基础。

名　您在近三十年的音乐教育职业生涯中，遇到过哪些"贵人"，他们给了您什么样的帮助？

施　在我音乐教育职业生涯的不同阶段出现了许多的"贵人"。在我做音乐老师期间，我要特别感谢崇明区的音乐教研员沈非文老师，她是我音乐教育的领路人。当时我从上海音乐学院师范班毕业后，被分配到一所乡村小学任教，这时候我产生了巨大的落差感，甚至开始迷茫和沮丧，而当时带我的沈老师给予我莫大的鼓励和帮助。她每周都会来我工作的音乐课堂，对我手把手地进行指导，为我的音乐教师职业道路打下扎实的基础，这也推动我迈出音乐教师职业生涯最精彩、最坚实的第一步。她常常鼓励我说，她非常看好我的教学天赋、悟性和灵动的教学风格，希望我能够珍惜老天给予我的教学天赋，这样的天赋也许一百个人里只有一个人才有。同时，她又语重心长地告诉我"如何成为一名优秀音乐教师""如何上好一堂音乐课""如何规范地把握课堂中的语言、节奏""如何设计每一个环节"，等等。我要特别感谢她的是，她不仅告诉我一个个细节应该如何做到位，更注重指导我教学框架和思路的构建，使我能够创造性地进行教学，激发我的教学灵动性。这些都使我终身受益。此外她也总是激励我，给予我莫大的自信，所以我的示范课才能够一次次地进步，让我从一位新手音乐教师迅速成长为区、市级骨干教师。总的来说，她教会了我音乐教学的实际运用能力，这是我在音乐学院学不到的。

　　第二个我要感谢的"贵人"是我任教研员期间的教研师傅——市教研员王月萍老师。教研员不仅需要具备全能音乐教师的各种专业能力，更需要有从台前转到幕后的豁达胸襟。和以往站在讲台上"光彩照人"的形象相比,做教研员可能会有一些落差。当年,对新手教研员的我,王月萍老师给予了许多宝贵的教研经验。她让我对教研员工作的性质和内容有了全新的思考和认识,我的"音乐教研员工作笔记""新教师成长卡"的长期积累就是王老师给我的建议,她循循善诱又和蔼可亲的样子一直深深地烙印在我的脑海里。当我评上特级教师的时候,她激动地跟我说:"你是新中国成立以来第一位能够在教研员岗位上评上特级教师的人!"我很幸运能够传承与吸收上海众多优秀教研员前辈们的宝贵教研经验,更幸运的是在成长的关键阶段我能遇到王老师这样的职业导师。

此外,我还要感谢上海师范大学音乐学院的张荫尧教授。教师教育分为职前职后两个部分,张老师研究教师职前教育,我从张老师那里很好地吸收了教师职业教育的理论思想。以前我的音乐教育专业发展视角仅仅停留在实践层面,张老师打开了我理论研究的视角,教我如何从学术的高度分析当前的教师教育问题,我也将这些运用到教师的职后教育培训上。除此之外,张老师也打开了我音乐教育专业发展的学术视野,让我能够有针对性地提炼问题、分析问题。

这三位"贵人"在我职业生涯的三个时期分别给了我不同的专业点拨和指导。我要感恩他们给予我的专业成长和教育智慧。

名　您在长期的教研工作中首创了"三位一体、三台合一"的音乐教育理念。这不仅是您对自己的要求,也是您对音乐教师的要求。您能详细地介绍一下这一教育理念以及您为了倡导这一教育理念所做的工作吗?

施　"三位一体、三台合一"是我首创的音乐教育理念。所谓"三位一体",即"演员""导演""导游"三种角色集于一体。现在的音乐教师,有少数人还在充当"演员"的角色。自己的演唱或演奏水平非常优秀,学生也许会佩服你某方面的才能,但这未必能全面而有效地激发他们内在的创造力。大部分教师还在扮演"导演"的角色,这种形式上的"导",往往会强制学生进入自己设计的思维轨道。音乐教学不是提问,不是说教或是机械的重复操练。当然现在有很多音乐老师在做出转变,在兼顾前两个角色的同时尝试做音乐"导游",体会做"导游"的乐趣。相信这样的课肯定是活的,一定有一种有序的自由，它能在最大程度上激发学生学习音乐的兴趣，培养学生的创造能力。总之，新的音乐课堂教学的教师角色观念应该是"三位一体"的，犹如一个三棱锥的三维面，唯有点面结合，面面俱到，才能使棱锥的顶点达到最高。

"三台合一"具体指的是舞台、讲台、写字台。音乐教师需要建立以扎实的音乐专业知识、技能为基本条件（"上好舞台"），以全方位的音乐教学能力为根本保证（"站稳讲台"），以严谨、踏实的教育科研能力为重要依托（"立足写字台"）的多维能力结构系统框架。21 世纪呼唤新型音乐教师，期待广大音乐教师尽快加强自身修养，不断优化自己的素质结构。只有这样，才能紧随课改的步伐，跟上时代的节奏。这就是"三位一体、三台合一"的教育理念。而我现在的工作就是培养这样的教师，这种教育理念也是音乐教育的时代召唤。

按照"三位一体、三台合一"的音乐教育理念，我做了许多的工作。我在培养新教师的时候首先要培养他们的音乐专业素养，使他们能够具备做"演员"的潜质，能够上好舞台。对于如何扮演的"导演""导游"的角色，站稳讲台，我也花了无数的心血思考。我常常手把手地为新教师训练课堂教学技术，在课堂上给新教师们亲自示范，上示范课。此外，现在音乐教师的科研能力都比较薄弱，都不愿意进行研究，教师们更愿意把精力放在课堂教学中。所以我现在的科研成果都是与课堂教学实践紧密结合的，将教学实践提炼成教学理念，又将这些教学理念用到课堂中去，这样一来一回，就形成了教师自己的教学理论。所以我的科研成果来源于实践，是一线课堂中鲜活的经验。这就是我为教师立足于写字台所付出的努力。令我骄傲的是，我遵循这一理念培养出的音乐教师在全国录像课比赛中屡屡获奖。举个例子，我们闵行区文莱中学的一位老师在"三位一体、三台合一"的培养模式下获得了全国录像课比赛的一等奖以及全国音乐五项全能比赛的第一名。另外，我们闵行区成立了一个教师管乐团，这其实也是一种"三台合一"能力的具体表现，目的是使老师拓展自己的专业能力，具备吹管乐的能力。与此同时，老师在学习吹奏管乐的过程中，可以将这一能力运用到学校管乐团的排练指导上。只有教师自己具备了一定的专业能力，才能以身示范，去影响学生的音乐能力。我们的教师管乐团不仅仅是一个专业的表演乐团,老师们还分成若干个小团队,有木管团、铜管团和打击乐团等,自主地进行演奏的创编活动,所以我们的管乐团才会生命力无限。我们所做的一切,都是为音乐教学服务,为了学生更好地发展。现在越来越多的老师认同了"三位一体、三台合一"的音乐教学理念,并且跟随我一起追寻音乐教育的理想。

名 根据您多年的教学经验以及任职教研员的经历,您认为怎样的音乐课才算是一堂优秀的音乐课?您认为如何在教学中体现音乐教育的育人功能?

施 在平时的听课、评课和交流中,我常常发现有的音乐教师认为教师教得好就是好课,有的音乐老师认为教学效果好就是好课,还有的认为一堂完整的课就是好课。我想说,"好课"的"好"字其实意义很宽泛,教学也没有永远死的框架,一堂好课应该从不同的视角来看。作为教研员,从课程的角度来看,我认为一堂优秀的音乐课要做到以下几点。一要有意义。学生在课前课后是否有变化,如果一节课上下来学生的能力没有变化,那么这节音乐课就是没有意义的、空洞的。我们一定要防止上无意义的音乐课。二要有效率。在整个课堂教学过程中,大多数学生都发生了相应的能力变化,学生都完成了一定的学习任务,这堂课才算是充实的、有效率的。一个学期下来,学生提高的能力比没有效率的课堂高几倍。三要有生成性。音乐审美体验需要学生真实的情感、智慧、思维、能力的投入,有互动的过程,有生成性,好的音乐课是要将单向的教学变成多维的互动。四要有常态性。我们常常会看到许多排练好的公开课,就像看一场排练好的教学表演一样。我认为音乐公开课应该多一点师生互相生成的东西,更要多一点平常的内容,最终要以学生的能力生成为目标,而不是眼花缭乱的"炫技"。五要有真实性。无论是平常的课还是公开课、评优课,都要多一点真实性。当然这仅是我的个人的观点,我说的只是一个角度,我们还要从学生的视角和教师的视角去观察和评价一堂课,这样才会比较全面。

对于音乐教育的育人功能,我也许与一些教师的看法不一样。现在许多教师在制定三维目标的时候常常把育人目标单列出来,他觉得只要某一个环节中提到了真善美或者爱国爱家乡等内容,就算是达到了育人目标。其实并不是这样的,育人目标既是一个宏大的目标——爱国、爱家乡、爱自己的父母,也是"专注于学生的每一个细节"。在教师教学的每一个细节和学生学习的每一个细节中,都要渗透育人的功能,不能只是空洞地告诉学生我们要爱祖国、爱家乡。比如培养学生音乐鉴赏的专注力,其实也是一种最直接的育人,但往往被很多老师忽略;教师在音乐分享交流的时候尊重学生,引导学生的价值观,也是潜移默化的育人。还有教师和学生的学习评价(自评、互评、他评),也蕴含着育人功能。所以音乐教师引导学生音乐学习的过程中,方方面面都要体现育人功能,甚至小到一句话,一个眼神。"随风潜入夜,润物细无声。"我相信只要我们以这样的方式,以强烈的感染力发挥音乐的育人功能,就能有效促进学生的全面发展。

名　在中小学任职期间,您为合唱团与课堂教学的结合付出了很多努力,也遇到过种种的困难和阻碍。您能详细地介绍一下吗?

施　对于我们音乐教师来说,中小学的合唱确实会遇到许多的困难与障碍。一方面,相对主科而言,学校不怎么重视音体美,对合唱团的重视更是微乎其微。所以学校合唱团最大的阻碍就是学校不给课时只能作为一个课外活动来进行,合唱团无法进行长期的系统的训练,许多学校只是为了迎接合唱比赛,才会给出一些排练的时间。在这种情况下,音乐教师只有足够地热爱合唱,热爱音乐,才能坚持下去。另一方面,因为学生换届等各种原因,合唱团也会碰到种种困难。我认为要建立一个优秀的合唱团,首先音乐教师要善于与学校的领导沟通,得到学校的支持。其次教师要有足够的魅力,有慧眼,通过音乐课感染学生,将有歌唱天赋的学生吸引到合唱团里。最后,音乐教师要具备钻研能力,要研究循序渐进的发声训练方法,要选取适用于合唱的曲目,更要具备好的指挥能力,能够凝聚几十个学生。这是一项需要长期坚持的工作,要组织一个优秀的合唱团,非常不容易。

名　我们了解到近十年您为上海乡土音乐文化的传承与保护作出了巨大的贡献,相关中文版、国际版教材与课程相继问世。您是如何想到要做这项工作呢? 为此您又是怎么做的? 中间遇到了哪些困难?

施　作为一个国际化的大都市,上海已经吸收了许多优秀的国际文化。大约十年前,我发现一个问题,在我们引进"洋音乐"的同时,几乎没有人会唱上海本地的歌曲,中国本土的歌曲。有一次我出差到了广州,发现广州市中小学有他们自己的乡土音乐教材,出差到北京,发现北京也有他们的乡土音乐教材,就我们上海没有。这引起了我的思考,上海作为一个国际化大都市,是不是已经失去了自身的乡土文化? 我很好奇,教育职业的自觉性驱使我到上海市的各大文化馆去了解,结果发现丰富的上海乡土文化资源都收藏在文化馆中。这下我就来劲了,于是我跟我的领导说要发展乡土音乐,领导吃惊地说:"这么土的东西有什么用? 我们都在搞'洋文化'了,这么土气的东西推广不了怎么办?"我跟领导说:"乡土音乐文化是很有价值的,我们不能为了迎合当前的某种潮流而放弃,只要是对学生有意义、对社会有意义的事情,我们就要做。"于是在领导的大力支持下,我义无反顾地做了这件事,当时只有七八个人跟着我,后来当我们做出一点成果的时候,越来越多的人开始支持我。到了 2011 年,整个社会都开始倡导优秀传统文化的传承和发展,变成了大趋势。所以当大家才开始想到要发展乡土音乐文化的时候,我们的研究已经非常成熟了,整个上海市也开始推广我们的乡土音乐文化成果。所以做事不能赶时髦,不能投机,而是要去领悟教育本身的东西,要站在教育本身的需求、学生的需求上思考问题。作为一名特级教师,我要为文化的传承肩负起一份时代担当和社会责任。当我们的乡土音乐文化传承工作越来越成熟的时候,我又想到我们闵行区有这么多的国际学校,在上课的过程中我发现一些国际学生对我们的乡土音乐文化也非常热爱。就赶紧想到要编一本全英文的乡土音乐教材,于是我们用了两年的时间,国际版的乡土音乐教材也问世了。令我骄傲的是,我们的教材得到了教育界的一致好评,教材的推广和实施也得到了社会各界和新闻媒体的广泛关注、报道。为了更好地开展"国际理解教育"专项课题,全面推进国际版上海乡土音乐文化教材,我们闵行区在全市率先开设中小学音乐教师双语培训班,有三十多名中小学音乐教师参加，并开设许多市、区级公开教学展示课。现在我们的乡土音乐文化已经升级为上海传统音乐文化，乡土文化与城市文化相融合，不断地进步。

当然这中间我和我的团队付出了许多的辛苦，加班加点都是经常的事，我们会因为某个音乐点子或是某些细节在咖啡厅讨论到半夜。我们也因为收集资料，走遍各区的文化站、博物馆、民俗收藏馆等。在研发的过程中，几乎所有的费用都是我自掏腰包，我对此毫无怨言。当然，我们也遇到很多困难。例如谱子的转换问题，由于民间音乐有许多不确定性，我们也没法定夺，当时我们请教了许多专家。很多乡土音乐没有音像资源也是问题。因为这样那样的问题，我们常常感到头痛，到处奔波，想解决的办法，也遇到了重重障碍，可是我依然没有放弃过这份理想。当然我认为这期间最大的不易之处就是我们要持续不断地做这件事。从 2008 年到现在，有些老师由于家庭和工作的原因没有再坚持了，这使我非常心痛。虽然我一直在坚持继续做，但这是一个庞大的工程，需要一个团队一起做，团队中的任何一名成员都至关重要。所以我们的团队也一直在换血，不过也有许多老师看到我的坚持就和我一起做下去了。他们有的放弃了休息的时间，甚至舍弃了许多自己的业余生活，对此我很感动。好在我们做的乡土音乐工作出了许多的成果，在全国的比赛中获奖无数，这也是让我感到欣慰的。

名　据我们所知，您在教研员工作期间指导和带出过许多优秀的音乐教师和音乐教师团队，有没有实例可以和大家分享？

施　我带的音乐教师团队分四类。一是"新手型"教师团队，教师的教龄为 1—2 年。我主要培养他们发展多种教学能力，如教学设计能力、语言表达能力、课堂管理能力和"三团一队"指导能力等。二是"希望之星"教师团队，教师教龄在 3—5 年。这些教师正处在逐渐成长为优秀教师的关键时期，有的还在闵行区的教学评选中获得"希望之星"的称号，他们的教学理念、素质水平、教学方法和手段相比刚入职时有很大的提高，个别音乐教师已经在教学风格上显现出独特个性与鲜明特色。三是"智慧型"教师团队，教师教龄在 5—10 年。这些教师是集教育理念、教育意识、教学能力等为一体的典范,体现出教师职业专业化的境界。这个团队里的"智慧型"音乐教师能够独立钻研和分析教材,能够有自己特色的教学意识,能够在面临课堂意外时灵活地处理。还有一个"研究型"教师团队。在当时上海市教委首批批准成立的施红莲音乐名师工作室,有一个包含十二位音乐教师的团队。我培养了团队中一批善于学习和研究、勇于创新的高素质音乐教师,这一"研究型"音乐教师团队也有助于推动音乐教师队伍素质的整体提高。我们团队主要是做课程开发的工作,指导新教师教学等。我们的工作室也做很多的慈善义务工作,比如定期到民工子弟学校义务教学等,送课到学校,给孩子们上一堂好课,排练一首好歌。我认为一个音乐教师团队的专业发展不能仅仅关注某个音乐教师个体的专业成长,或培养几个"智慧型"的教师,我们最终应该培养的是"研究型"教师团队,增强全体音乐教师的凝聚力,使区域音乐教师的整体实力上一个台阶。这些优秀的教师团队就是我工作的结晶和成果。

其实,我所指导的区内外优秀教师数不胜数。到目前为止,我们有六位音乐教师在全国示范课比赛、五项全能基本功比赛、论文评选和上海市的大大小小比赛中获得最高奖项,在市里获得优秀奖项的教师大概有三十多位。比如我们闵行区的纪艺、王辉、方怀群等老师,他们都是上海师范大学音乐学院毕业的本科生、研究生,原本都怀揣着音乐家的梦想,因此他们刚刚应聘到闵行区的中小学校任教时,心里会产生一些落差。我因势利导,以身示范,手把手地教他们如何上好各种类型的音乐课,如何有效开展合唱团、管乐团、舞蹈团的工作。近几年他们在不同的教学领域都取得显著成绩。

名 您的音乐教育职业生涯大致可以分为四个阶段,初入职、小学音乐教师、中学音乐教师和教研员。您认为哪个阶段的体验让您最有工作的成就感?您是否会有职业的倦怠期?

施 其实每个成长阶段都会有不同的收获和感悟。我很自豪的是,十多年中小学音乐教师的工作经历为我之后的教研员工作打下了扎实的基础,这是一个从量变到质变的过程。作为曾经的一线音乐教师,我时刻注重打磨我的音乐专业技能、教育教学能力。在大量的实践中,我的团队指导能力、教学实战能力、教改方向把控能力得到了极大的锻炼和提升。之后十八年的教研工作是经验不断积累的过程，其实也是有效反哺音乐教师个体、促进区域团队教师专业成长的过程。如今，我的大量教学成果和经验正在不断辐射到外区、外省市以及上海的高等音乐院校。我所倡导的"音乐教学无模式境界""学唱歌、会唱歌、爱唱歌""演员、导演、导游"等理论在全国范围内也产生了影响。更重要的是，我着力于研究从不同的理论视角解析鲜活的课堂实例，把成功的经验提炼出来传授给大家，告诉老师们"音乐是什么""不同成长阶段的音乐教师应该做什么""什么样的课是一堂好课""如何上一堂好课"，等等。能够一次次把我来源于实践的理论通过实践辐射到一线教师中去，是一件充满幸福感的事情。通过悉心指导，我看到一批批新教师正在茁壮成长为区、市范围内有影响力的优秀教师，我感觉付出再多的辛劳都是有价值的。

　　当然，每个教师在专业发展的过程中都会有职业倦怠期的问题。在繁忙的工作中，我相信每个老师都会碰到烦恼和困惑。举个例子来说，我精心培养十年的优秀音乐教师因为家庭等原因突然转行或辞职了。为此我曾一度怀疑自己的音乐教研之梦是否值得继续追寻？"乐海同行"的豪情壮志是否太理想化了？我曾经有过一些小小的失落、迷茫和无奈，不过我很快地接受了现实。于是我又开始一头扎进课堂，培养起一批又一批年轻的新手音乐教师。这些年，自己再苦再累没什么，每每看到我们的团队实力得到提升，音乐教师专业得到发展，我就充满了自豪感。

名　您在音乐教育的事业上做了很多事情，您的丈夫施忠先生在音乐专业教育上也有很大的成就。作为上海师范大学音乐学院院长，他在培育年轻音乐教师方面给予了很大的支持。在平时的工作和生活中，你们有没有互相帮助、共同进步的事例可以与大家分享呢？

施　我们两个人算是"亦师亦友"的关系。我常常开玩笑地跟我的先生说："你在高校任职，是做'造原子弹'的工作，你开发的都是核心技术，用战略的眼光给我们宏观的指导。而将'造原子弹'的技术转化为'造电饭锅'的技术，这就是我要做的工作。由于你造'原子弹'的技术很巧妙地被我转化，我现在造的'电饭锅'在市场上很畅销。"我很幸运能够得到他的指点,他让我能站得高看得远,看问题的角度更加精准。以前他作为高校的音乐教授,理念不够"接地气",现在我的许多教育理念也逐渐对他产生了影响。就比如说"音乐名师讲堂",他就是在我的影响下产生了这个想法。我也十分感激,他作为一所高校音乐学院的院长,能够从实际出发去关心基层学校的音乐教育。可以说我们是相互帮助共同进步的关系。

名　我们知道您也是华东师范大学音乐教育专业的特聘教授,国家教师资格证考试的考官。那么从您的丰富工作经验来看,您对于现在大学院校培育年轻教师的工作有什么想法? 哪些做法值得继续保持? 在什么不足的地方需要去弥补?

施　在这两年做教师资格证考官的过程中,我发现越来越多的年轻人开始重视这个考试,不再像以前一样随随便便地考个证。许多学生真的是因为热爱学校音乐教育,想做音乐老师,才会来考证。所以我认为我们音乐教育的前景会更加广阔,音乐教师这个职业在将来会受到更多的重视,这是令我欣慰的。在考试的过程中,我发现大部分的学生都是有备而来的,他们已经做好了专业以及心理上的准备,有做音乐老师的愿望。我也在考试的过程中发现了许多不足,许多音乐专业的大学生自身的专业基本功不够扎实。大部分学生只专攻一个专业,会弹琴的不会唱歌,会某种乐器的不会弹琴,弹唱都还可以的学生对课程设计的理解力还不够,他们离做一名优秀音乐教师的还有很长的路要走。我希望大学院校能够在大一大二的时候给学生制定一个职业的规划,如果学生今后愿意从事音乐教育职业,可以为他们在学校的课程设置上多增加一些音乐教学理念和实践的学习,教学研究和论文写作的学习,不单单只培养他们的音乐专业知识和技能,让这些学生在踏入音乐教育事业之前,能够打下扎实的基础,具备普通音乐教师的素质和能力。如果学生想往专业音乐方向发展,不管是演奏还是演唱,我还是希望学校能多给他们实践的机会,毕竟在琴房中练习和在舞台上的感觉是不一样的。

名　对未来即将踏上音乐教师岗位的师范生和新教师，您有哪些建议和要求？

施　首先，我认为要做一个合格的音乐教师要有敬业爱乐、德高爱岗、品优爱生的职业基础，自身要有健全的人格和强烈的责任感。其次，我认为现在的大学生自主学习的能力比较薄弱，学习比较被动。但凡老师没有教授的东西，他不会自己去学。我想提醒现在师范学校的大学生们，将来走上社会，竞争无处不在，不要认为自己是专业学习音乐的学生就掉以轻心，还是要有主动探索、学习音乐的能力，这一点非常重要。另外我认为适应社会的能力也十分重要。从学习的环境到社会的环境，许多人会感到不适。前天我接到某区教研员打来的电话，说有位老师突然要辞职了，问我们区有没有岗位能推荐给他。我了解后发现，这位音乐老师目前做的工作都是德育方面的工作，杂七杂八且烦琐。结果这位老师自己的专业也没有搞好，德育工作也不是他擅长的，他只能选择辞职。通过这个例子我想说的是，音乐教师或者未来即将踏上工作岗位的音乐教师一定要立足于本专业，不要迷失了方向，被社会各种诱惑所吸引。成长是一个过程，是一种阅历的积累，音乐教师们不能浮躁，不能急功近利，不要为名利所累。音乐教师一定要明确自己该走什么路，对自己的人生有一个规划。

　　未来的音乐教师和已入职的新教师们，如果你们要想成为一名优秀的音乐教师，我希望你们的专注力要强，专业技能不能丢掉，要有自主创新的能力，不断地进步，这样将来才能一如既往地走下去。希望新教师和未来的音乐教师都能够在实践中，在书海中，在导师的带领下和自我感悟中不断学习，不断进步。音乐教师的成长就是不断地超越，超越自我，超越前辈，追求"海到尽头田作岸，山登绝顶我为峰"的大境界，才能逐渐成长为一名身正学高的优秀人民教师。这是我给未来音乐教师的一些建议。

『唱游』教学的传承者
——访上海市黄浦区卢湾一中心小学
音乐特级教师张菊

　　张菊,上海市特级教师,黄浦区卢湾一中心小学音乐教师。1991年毕业于上海行知艺术师范学校,任教育部基础教育质量监测中心音乐学科专家、上海市中小学音乐/艺术教材编写组成员、上海市音乐学科中心组成员、上海师范大学兼职教授等。工作期间获全国音乐教学比赛一等奖以及"上海市园丁""上海市教育达人"等荣誉称号,多项课题和研究成果在区、市、全国级评比中获奖。

　　张菊老师在教学中始终关注音乐本体与音乐文化的有机融合,关注学生情感表达与知识技能的同步提高,形成"情景游戏导入—通感活动体验—情智同步发展"的课堂教学特点。同时,她还积极参与教育部儿童歌舞剧试点工作,组织学校艺术活动,在中华优秀传统文化传承等方面进行了有益的探索与经验积累。

访谈时间　2018 年 4 月 4 日下午
访谈地点　上海市黄浦区卢湾一中心小学五楼阅览室

名　张老师,您是如何走上音乐道路并最后成为一名音乐教师的呢?

张　小时候我有两个梦想。一个梦想是当一名军人,另一个梦想是想当一名歌唱家。军人的梦想源于小时候广播、学校对英雄人物事迹的宣传,我想成为一名保家卫国的光荣战士。歌唱家的梦想源于一档对我们这代人影响深远的广播节目——《每周一歌》。通过节目,每周我都能学到一首新歌,享受朱逢博、李谷一、王洁实、谢莉斯等歌唱家的动听歌声,在他们的歌声里展开想象的翅膀……我感到听歌、唱歌是快乐无比的事情,也有邻居夸奖我声音好听,于是我就梦想成为一名歌唱家。假如这两个愿望难以实现,我就希望自己能够成为一名音乐老师。

当老师的想法是受到我小学音乐老师张老师的影响产生的。我曾就读于静安区延安中路小学,从学校大门走进去不到五十米的地方有一座老洋房,底楼朝西房间就是我们的音乐教室。每天上学或放学路过音乐教室,听到张老师弹奏钢琴的声音,我总会放慢脚步,停留一会儿,美妙的琴声令人心情愉悦。有一次,我被少年宫老师选中学习手风琴,但因客观原因未能学成,于是喜爱音乐的我便积极争取参加学校的各种音乐活动——参加迎宾队在市少年宫歌舞迎接外宾,参加鼓号队、合唱队和集体舞活动参加区里比赛和六一联欢,参与这些音乐活动的经历都是我童年美好的记忆。我渴望学习乐器,渴望用动听的声音歌唱,用优美的动作舞蹈,在音乐中追寻美。这一愿望,在我考入行知艺术师范学校后得以实现。

初入行知艺术师范学校,我算是一个“白丁”。犹记得面试时我唱的是《小白船》,看别人都有特长表演,我便也逞强跳了一段小学里教的集体舞。由于自己没有什么音乐专业基础,在三年的学习中我自觉而又勤奋。学校的课程设置以培养小学音乐、美术专职教师为目标,各门专业课的学习都为我们胜任一线课堂教学、带领各种社团开展活动打下了扎实的基础。于是,1991 年的夏天,我顺利成为一名光荣的小学音乐老师。

名　您在专业研究中提出了哪些音乐教育的核心理念和教学方法？

张　我逐步形成的教学观念或教学特点都受到老前辈陈蓓蕾老师"唱游教学"的深刻影响。我始终觉得音乐教学应该在快乐的氛围中进行，老师与学生要在音乐中有情感交流，老师应该教会学生用音乐的语言来感受美、表现美、创造美，使音乐成为陪伴学生成长的快乐因子。

　　第一点，我在一至五年级的课堂教学中始终坚持"五学融合"的唱游教学。唱游的"五学"思想包括玩中学、动中学、乐中学、创中学和评中学，"融合"是指这五个方面相辅相成、相互促进。"玩中学"是指学习兴趣，不管学生处于哪个年龄阶段，都需要教师激发学生的兴趣，使学生积极参与课程的进行。"动中学"是要让学生动起来，低年级的"动"常常是改变教室的教学环境以及学生的座位，而到了中高年级，"动"就是实践和体验的方式。教师需要考虑如何让学生在"唱、演、奏"的活动中"动"得合理，"动"得妥当，并能与音乐作品完全吻合。"乐中学"是指能够在快乐的氛围中学习。音乐作品本来就有很丰富的情感内涵，在学习的过程中我们既要体验音乐学习的快乐，更要体验音乐作品中很丰富的情感内涵。不是所有的课程都是感受快乐的，不一样的课程内容有不一样的情绪，需要根据作品来判断。从教师的角度来说，有些时候学生的学习免不了会碰到一些难关和难点，这就需要教师去引导，引导学生学会克服困难也是一种快乐，所以这个"乐"的含义不仅仅是简简单单的"快乐"两个字了，它的内涵更加丰富，具有情感的多样性。"创中学"是目前为止比较薄弱的，现在多数教师尤其是青年教师和新教师，都将一堂课作为一个任务来执行，并未体现他们的自主创造性。如果同样的一个问题，每个人都会从不同的角度来表达自己的想法，同一个内容有可能有不同的解法，相对来说我们的教学会模式化，唱歌课、欣赏课都是固定的流程。如此一来，学生的学习趣味就会降低，教师不能从课堂上感受到教学的快乐，在教育专业上的发展也会受到限制。因此教师只有发挥了自己的主观能动性和创造性，才能使课堂活起来。我觉得"创中学"是这"五学"当中最核心的部分。"评中学"是二期课改唱游教学的一大特点，一、二年级《唱游》教材每个学习单元都有一个"音乐乐园"和"五彩小星星"的多元评价活动内容。这个过程性的评价活动就是让教师和学生自己判断本单元学习内容是否掌握,学习兴趣、参与度和积极性如何。除此之外,教师还能了解到学生们掌握了怎样的课外知识,了解学生近阶段音乐学习的得与失。教师通过这个栏目来增加对学生的了解,对自己的教学进行反思和改进。

"五学"始终是一个有机的整体,不能单独地讲。一堂课中如果只有"玩中学"也是不行的,一堂课都在玩,那教学目标的设定就有问题。你的课如何将感受具体落实到每个环节? 如何让学生的情感体验有层次感? 如何通过引导学生的心理变化来帮助他们对音乐的学习? 所以,我反复强调唱游教学的"五学"融合。通过实践,我认为唱游教学思想不仅仅适用于低年级,同样可以运用在高年级。所以在我的中高年级课堂中,学生们有较多的活动体验,包括体态律动,小组创编,唱、演奏相结合的综合表演等。我会通过各种方式让孩子们投入音乐活动当中。

第二点,我称之为"创智课堂",强调老师的教学要有创造性。创造性主要分为两个方面:一是你要用自己的想法来设计教学,二是你要能借鉴别人的成功经验而不能照搬。因为,不同的学情会导致不同的学习反应。

如今,我们的音乐学科仍然处于不被重视的境遇。学校举行展示活动时,立刻会想到我们艺术学科,因为我们的形式比较活泼,唱唱跳跳动动,会让别人觉得我们学生的学习生活十分丰富多彩,自主性也特别强,但是这只是把艺术学科当作装饰的花瓶。音乐是跨越语言界限的学科,我们的音乐作品反映的是人们对社会、对自然的理解和感受,里面有很多的生活常识、科学常识、人文历史知识。如果我们要提高自己学科的地位,就要显示出自己设计课程的智慧,并将作品背后的情感态度和价值观传递给学生。如果音乐教师自身都不了解这些,只通过歌词、教材来进行教学,肯定不能达到音乐课程的本质目的。所以,创智课堂的形成是非常重要的。

我认为一堂课的成功,是能让别人感到这个作品的价值。所以你上课,不能期待别人帮你找到这个作品的价值,应该主动地去理解作品的背景,思考自己的课堂如何吸引学生,用学生喜欢的方式进入音乐作品的学习,并且学会感受作品的情感内涵,这样这堂课才可以算是一堂成功的音乐课。一个教师如果只是按照教材教书的话,学生只能学会教材中的一小部分,还不能将知识进行延伸,所以教师一定要有创造力,除了规定的教学内容外,可以适当地加一点有趣的东西,来帮助学生加深记忆学习内容。每个教师只要体会过一次上课的成功,肯定会期待下一次。20 世纪 90 年代,我的公开课数量繁多,最多时一天要上两节公开课。印象很深的一次是上午一节公开课刚结束,就通知我下午某个代表团要来听课。那时候我任职的学校规模比较小,平行班只有两个,一个班已经试教了,另一个班刚上完公开课。难道再重新上一遍吗?这当然不行,于是我临时做出了调整,很快组织起新课的教学内容,让简单的歌曲生动起来,而这些教学内容中就包含了我自己的思想和创意。所以能够找到作品的价值和吸引学生的教学方法特别重要。

名　您在全国第一届音乐教师教学评比中拿到了一等奖的第一名,能否和我们分享一下这一经历?

张　这堂课能够获奖,是我们上海音乐教学研究团队共同努力的结果。我常说自己很幸运,是伴随上海课程改革一路成长的音乐教师。刚入职,恰逢上海一期课改蓬勃开展,所有的学科都在进行新教学理念的落实以及新教材的推广和实践。在上海,陈蓓蕾老师的唱游教学法不仅面向全市推广,而且在全国范围内也十分受欢迎。当时我们可以看到陈蓓蕾、刘德昌、顾丽丽、孙幼丽老师等一代音乐研究的骨干力量正活跃在一线课堂,他们的教学各具特色、各有所长。随堂听课时,我们常能看到同一首歌曲被不同的老师以不同的形式呈现。那一段听课的经历,让我接触了大量的音乐教学理念和教学方法,深刻地感受到当音乐老师是有意义、有前途的。同一时期,我们这一代青年教师也在不同的专业成长平台得到了锻炼。其一是区里的教学研修,由骨干教师来带教青年教师,在学习实践的过程中给予我们很大的帮助。其二是提供许多锻炼的平台,比如说我参加过区里的各类教学比赛,在区里的比赛中脱颖而出后,我就有机会参加市级的比赛,最后参加全国比赛。

　　这堂课是如何取得成功的呢?我觉得有两个前提。第一个前提就是唱游教学思想对我的影响。我刚入职时并未马上接触唱游教学,而是先教中高年级,那时碰到的问题就是传统的教学方法让我没法控制班级,总有学生在课堂上调皮捣蛋,导致我每次进班级都背负着沉重的思想负担,总要考虑怎样让他们安静下来,完成我预设的教学目标和内容。幸运的是我旁听观摩了低年级的课,打开了解决这个问题的大门。我了解到要让学生跟着你的思路走,你的教学设计就一定要吸引学生,要激发学生的学习兴趣,只有你引导得合适,他们才会积极配合。所以"动中学,玩中学,乐中学"的唱游教学思想给了我很大的启发,我也尝试像低年级唱游教学一样,设计相应的游戏加入中高年级的课堂。在慢慢摸索中,我渐渐有了小小的起色和收获。参赛课教授《乃哟乃》,就成功借鉴了唱游教学思想。

第二个前提就是当时在市教研员郁文武老师带领下蓬勃发展的器乐教学。区教研员在暑期教师培训中专门聘请名师陆春龄来为我们小学老师做竖笛的短期培训。全区中小学音乐老师在一起学习竖笛吹奏,探讨如何在课堂里实施器乐教学。上海市教研室规定三年级器乐教学进课堂。在三年级的课堂中,我把器乐教学和常规的音乐教学融合起来。我始终坚持器乐教学不是单纯地教一个乐器,它的出发点是辅助教学,当孩子们对一个音乐知识不了解,对一首歌曲的演唱能力还不够的时候,小小的乐器可以作为辅助,激发他们的学习兴趣,帮助他们用另外一种方式解决学习中有可能遇到的难点。器乐是作为教具、学具来辅助和丰富学生的音乐感知体验的,所以器乐始终是伴随着我中高年级的教学。我这节课也是在这样的一个大背景下被选中的。

此课被选中的另外一个原因,就是教学设计紧紧抓住了歌曲的音乐的特点和风格。《乃哟乃》是一首土家族民歌,全曲由五个长短不同的乐句构成,只出现"索咪哆"三个音,句尾旋律相同,隐现民歌一领众和的特点,歌词出现大量衬词并以土家族方言的谐音记录,表现人们载歌载舞的欢乐场景。这首歌第一次出现在新教材中时,很多老师都觉得这首歌曲唱起来很别扭,教学时一带而过,我则设法让学生感受的作品的特点和情感内涵:"玩中学"——用听辨游戏"节奏花盆连枝"引导学生复习常见的二拍子节奏型,初步感受歌曲 2/4 拍节拍韵律;"创中学"——"旋律花盆连枝"启发学生用"索咪哆"三音先后即兴创编一小节、两小节旋律,既练习三音构成的大三度、小三度、纯五度音程的歌唱、吹奏音准,又体现歌曲长短句结构、一领众和的旋律特点；"动中学"——歌唱时加入简单动作，感受人们欢歌的情绪，学生改变座位、围成圆圈再现人们载歌载舞的情景；"乐中学"——根据自己的爱好选择唱、奏、舞一种形式表演歌曲，根据歌曲表达情绪的需要添加烘托气氛的语气词"嘿""哟"进行综合表演，充分体验、再现歌曲欢歌舞蹈的热烈场面。学生自主投入的学习态度、自信主动的音乐表现、真情实感的创作表演显示出师生融洽的情感交流，有效地达成预设的教学目标，课堂呈现浓浓的民族风情。竖笛也在学生音乐学习中发挥了极大的作用：学生识谱、歌唱的过程，可以用竖笛帮助；学生不爱唱歌、唱不准旋律，可以竖笛吹奏代替；竖笛携带方便、简单易学，让学生的音乐创作表演多了一种表现方式，每个人都能以自己喜欢并擅长的音乐表现方式表达自己对音乐作品的丰富感受。因为本课教学鲜明的亮点，我比较幸运地拿到了一等奖中的第一名。

　　通过比赛，我更加确定唱游的"五学"思想可以在中高年级教学中运用，只是游戏内容的设计要符合中高年级的音乐学习要求。同时，我也认为音乐课中的"创"很重要，学生在此项活动中更能发挥自己学习的能动性。因为，与其他学科比，我们要思考怎样凸显学生音乐素养的形成。如果学生能用简单的音符、基本的唱名、常用的节奏型来进行创编，就说明他基本具备了用音乐的语汇来进行音乐创作并表现一定情境的能力，这就是音乐素养的形成。音乐是情感的艺术，音乐课学习需要学生情感的主动投入。

名　说到唱游，我们会想到您的恩师陈蓓蕾老师，您能否给我们讲一下你们师生间的故事呢？

张　我觉得陈老师不仅仅是我的师傅，她更像我妈妈一样来关心我。她始终没有把自己放在师傅和长辈的位置上，总是很平易近人地跟我交流，我们的每一次见面，都是在一个很平等、很民主的氛围当中进行的。

　　我跟她的交往是在我参加全国比赛之前，当时唱游正在上海推广，我也刚刚参加工作。那时候找陈蓓蕾老师当师傅的教师特别多，我排队还排在比较后面，但就是因为参赛的这个契机，我和陈蓓蕾老师的距离越来越近。我跟她第一次近距离地单独交往是我准备全国比赛录像课的时候。那是个周日，我在学校准备教具并再梳理一下整个教学过程，陈老师知道后联系了我，了解到我一人在学校准备，她就专门乘公交车，特地跑到我学校，来看看我的准备情况。我很意外，也很感动，因为陈老师很忙，她不仅仅要在一线课堂教学，还担任了一定的行政职务，我觉得我真的很幸运，陈老师走近了我并给我提供了帮助。

这堂课之后，我们之间的沟通交流就变多了，陈蓓蕾老师那时候的课堂经常是开放的，她的一句话让我印象十分深刻："只要你有空，随时随地来看，来听课，来交流，只要你愿意学，我愿意把所有的想法，所有实践的点滴和经验体会都跟你分享。"这一点对我的影响很大，所以我现在的课堂也是开放课堂，我不在乎这堂课有没有上成公开课的效果，因为日常课程中你不能避免课堂会有各种突发情况，很多孩子不会根据你的预想来迎合你，有时他们会很投入地学，可有时也会对你不理不睬，或者对你教学的内容一点都不感兴趣，这时候就看你怎么来调控。所以现在我也愿意开放课堂，让青年老师和新老师知道日常课程中怎么去引导不同的孩子，通过引导又会有怎样真实的反应。此外，要让教师学习如何积极地帮助孩子来完成一堂课的学习。日常课程不是都顺风顺水的，总会遇到挫折，有很多突发的事件需要老师自己来解决。现在常说课堂中的"双主体"，老师要发挥主导作用其实并没有那么容易，因为你若是很威严地去教，高年级孩子不一定会理睬，可你若放任他们，你的课堂就会混乱不堪。如何解决这种情况，是一个学问。所以我开放课堂的目的和陈蓓蕾老师一样，让大家看到平时最真实的课堂怎么引导，用怎么样的语言让教学活动顺利进行。

我觉得我从陈蓓蕾老师身上真的学到了很多东西。首先，就是怎么来制作便利的教具。现在是信息时代，有多媒体，但多媒体的运用实际上束缚了老师的动手能力和创造能力。当时陈蓓蕾老师亲手做了很多教具，我刚刚工作的时候教具都是亲手画的。公开课都是制作幻灯片，然后提前准备好板书，做各式各样的教具头饰，用准备很充分的教具来吸引学生。其次，你一定要考虑好用怎样的语言来引导学生。有些老师对我不了解，会觉得我好像在演戏，但其实我并不是在演，而是通过自己的口头语言和肢体语言把学生们引入一个情境。老师如果很严肃地口述一个情境，学生就很难身临其境，因为老师就是学生模仿的榜样。一个老师用生动的语言、肢体动作以及眼神告诉学生你在表演什么角色,学生就会被你感染,同你一起进入这个情境,这样才能比较顺利地使你的教学继续展开。所以那时的我很想和陈老师一样,用一个很有趣的、合理的情景故事来吸引学生。在引导过程中我觉得教师需有丰富的教学语言,除了引导的语言要亲切,生动,吸引人以外,还有很关键的一点就是逻辑条理,一节课的时间是很有限的,你的说话要很有条理,你组织学生的活动才有逻辑感,在这个活动中孩子们才不会乱。很多老师在刚接触唱游时候会觉得小孩子一动就乱,不是唱而不游,就是游而不唱,始终很难把它们有机地整合在一起。这其实是对教师的一种考验,所以那时候刚接触唱游教学的我就从教具的制作到教学语言的设计,特别是游戏活动的组织等方面都亲眼观摩了很多,学习模仿了很多,并马上回到自己的课堂去模仿、实践、创新,慢慢就有了自己的一些心得。很多事情当你掌握方法了,就可以解决很多问题,就像数学你只要掌握解题思路,无论这个题目怎么演变,你还是能解开,因为它的基本方法是不变的。这也是陈老师带给我的影响。

　　第二次很近距离的接触是陈蓓蕾老师带我参加了一期课改教学活动设计的编写,并教我怎样用文字来把一堂课的教学设计表达出来。之后我又在她的带领下进入了教材组,先是学着写教学参考资料。我觉得陈老师很信任我,让我挑重担,她说:"我们年龄已经大了,马上要退休了,你们年轻一代要马上跟上来。"二期课改的教参的统稿她交给了我,她说:"你负责统稿,就要负起一定的责任。第一,你自己对教材既要有横向的理解,又要有纵向的理解,要有一个清晰的脉络,不能片面地去理解教材。第二,你不仅要关注到你个人对课堂的理解和关注,也要普遍考虑到其他老师对课堂的驾驭情况。第三,你是这个小组的组长,就要带好你的组员,要有条理、有步骤地完成撰写的任务。"在这次活动中,陈老师给我很大的信任,她不断鼓励我,也会帮我们整个组的组员理清楚要点在哪里,哪些是基本要求,哪些是不能放大的,哪些可以宽泛一点。之后,我参与了教参教材的编写和修改。在这样的过程中,我学到了很多。

　　其实每次见陈老师,我都是有点压力的,因为她见到我就会问:"张菊,你最近看到什么新课吗? 有什么新的想法吗?""关于最近的课堂有什么想法跟我交流?"她说她现在老了,退休了,离开一线的时间比较久了,使用信息技术的能力也不是很强,所以有时候信息比较闭塞,要等着来跟我交流了。所以每次见面之前我会想一想最近我有什么新的东西是值得和陈蓓蕾老师交流的,是否有什么想法要再听听陈老师的意见。我觉得我和陈老师其实也可以算同伴、伙伴的关系。在我们交流当中,她一直说如果她有什么错误,一定要告诉她,我觉得她对教育的追求和研究的精神时时刻刻感染着我,对我的影响真的是很深很深。我非常希望能够成为她唱游教学思想的继承者,甚至发展者,也希望她的唱游思想能被更多的人正确地理解,更好、更广泛地运用。

名　我知道张老师您有一个名师工作室。您能跟我们介绍一下名师工作室的各类活动,以及它对于您和其他音乐教师的意义吗?

张　名师工作室其实对我自己来说也是一块磨刀石,因为工作室的活动会促使我考虑很多东西,比如我要把参加我工作室活动的老师带领到哪里去,为他们提供怎样的资源,为他们提供怎样的实践平台,怎么让他们也能够获得自己专业的成长,等等。所以我每个学期都要考虑好三年的目标是什么,一年的目标是什么,一学期的目标是什么,并且自己要制定好计划。很多的教研活动不是这个学期初才定的,三个月甚至半年之前就要制定好大方向了,临时定的话,很多事情的价值和有效性就会受到局限,甚至达不到预期的目标。工作室的活动促使我考虑怎么带领这一群老师,在哪些方面进行教学实践和教学研究,怎么样去获得一定的教学研究成果。

　　我现在工作室的成员主要有两类。一类是我年龄差不多的中青年教师,这些教师都有一定的实践经验以及自己的教学特色,大家也很愿意在一起针对一个个教学难点展开交流。我们有共同的话题,大家思想共鸣,相互影响,并不是为了评职称,参加比赛,而是因为大家喜欢这份工作,觉得这个研究很有趣,很有价值,所以愿意投入其中。另一类就是青年教师,包括新教师,有的是学校领导推荐过来的,有的是教研员推荐过来的。不同于与中青年教师的交流,我主要是让他们尽快了解现在教学研究的动向是什么,现在的新课堂应该是怎样的,然后告诉他们最基本的教学常规。现在的年轻教师学习能力很强,专业素养也比较强,很多新教师都是从小学乐器、舞蹈、声乐的,那么针对不同的学员,同一个研究内容,就需要不同的学习方式,我的工作室要把他们调配好。我也会给工作室的青年教师压些担子,让他们多开公开课。一堂好课是磨出来的,从思想、方法、具体的组织和操作再到课堂,其实会发生很多的问题,如何应变,如何正确引导,这些都很锻炼人,也能把他们的积极性带动起来。还有一点就是对唱游教学法的宣传和教学。很多老师对唱游并没有一个深入的了解,所以现在的唱游课上得有点走样。现在看小学一到五年级的课型都差不多,到后面基本上都是一个综合表演,但其实未必需要每堂课都这样。每一位老师的专业特长不一样,个性不一样,我们应该学习陈蓓蕾老师这一代的教师,各有所长。比如那时候陈蓓蕾老师是唱游,顾丽丽老师是合唱,孙幼丽老师是视唱练耳,而刘德昌老师能用一支粉笔、一架钢琴,用他生动诙谐的语言让学生学会教材当中最鲜活的东西。我也希望我的工作室里的老师,甚至其他地区的老师能够展现出不同的教学方法,不要全是一个套路。

名　您在专业成长中是否遇到过什么挫折呢?

张　我很幸运,一直以来基本是顺风顺水的,没有碰到过挫折。一期课改期间我就比较顺利地参加了比赛,后来参加了全国的比赛。全国比赛以后,学校就把很多荣誉给我了,那时候还被评为静安区的"新长征突击手""明星教师园丁"等。2000年我参加了教育部的第一批国家级培训,遇到了很多厉害的老师,例如编教育部课程标准的很多专家在当时都给我们上过课。在这一阶段我们已经开始通过看书交流来学习三大教学法了,也有各省市来的音乐骨干教师相互交流,所以培训对我的影响也很多,我的视野不再局限于不局限于一个地方。我现在有很多活动也都带着工作室老师到浙江、江苏、福建、广东,甚至到北京跟其他地方的老师进行交流。不同省市的老师有不同的思想,在交流的过程中我们的视野也逐渐开阔。

　　到了二期课改,王月萍、席恒两位市教研员给予我很多帮助。比如王月萍老师让我参加了中心组的活动,一是《上海市学生民族精神教育指导纲要》和《上海市中小学生生命教育指导纲要》的编写,二是多媒体课件的设计,运用信息化的教学技术进行教学。我还拍了一堂三年级的音乐欣赏课《乘雪橇》。席恒老师担任教研员后,我又参加了一些培训,比如"在实证研究中建立单元整体设计""提炼单元主旨"等。后来我编写《评价指南》《学科基本要求》,参与了比较多市级的活动,这让我能够一直比较明确地把握上海的研究动向,对我帮助也很大。

名　您觉得作为一名刚入职的新老师应该具备什么能力?

张　我觉得对新老师来讲,第一要加强的是学习能力。因为在高校中学习的东西和课堂实践会有一定的距离,会让刚入职的老师不适应,所以要取长补短,把在大学里面学的好用的知识内容,做一个教学内容的转化,转化成教学对象能够接受的形式。要学会将深的内容潜移默化地教授。

第二要学会设计教学内容。针对教学内容,要思考如何扬长避短,靠你的特长来吸引学生,让学生对你有敬佩感。所以,新老师要学会根据学生的学习基础、学习心理以及对学习内容的掌握情况来进行课程设计。如上所述,新老师需要具备比较强的学习能力,工作岗位上需要你学习什么,你就马上要学什么。同时,要适当增加自己的实践能力,因为音乐课教学是一个实践的过程,只靠许多文本理论如纸上谈兵,帮不了你太多。只有增强自己的实践能力,不断地实践,不断地调整反思,才会提高你的课堂教学设计能力、驾驭能力以及掌控能力。

第三要了解学生和观察学生。为什么有时候学生学不会你认为简单的东西? 那是因为你不了解他。新老师首先要学会了解你教学对象的情况,小学有小学的特点,中学有中学的特点,一定要站在学生的立场,从他们的角度反过来看如何实施课程。了解学生是需要老师观察的,可是学生数量多会让我们很难了解每一位学生,特别是我们音乐学科,一个老师需要教很多班级,所以只能归类。在课堂上两种学生是比较容易被关注的,一类是积极响应你的,他们会在你需要解决问题的时候帮助你,你也无须与他多讲课堂纪律等方面内容,特别是冷场的时候,他们肯定是最好的人选。另一类是那些在课上特别调皮的学生,需要课后的再交流。其实还有一部分学生表面上很冷淡,但是内心很丰富。有时候,好的创编活动往往内心很丰富的学生会做得比较出彩。所以新老师一定要学会观察,要给每个孩子表达的机会。在我们音乐活动当中,新老师也要学会在分组活动时走进小组。走进小组有两个目的。第一,有些小组没有办法合作,不能展开创编活动,老师就需要教他们,带领他们完成这个内容。第二,有些小组对任务没有想法,老师就要鼓励他们一个个说。这样近距离地交流,老师才能更好地去了解个体,然后再反馈。

我觉得每一个新老师都避免不了这个青涩期,但是过渡之后就会比较顺利。

做一位不忘初心的音乐教育探索者

——访上海市音乐特级教师曹晏平

　　曹晏平，出生于1975年，上海市特级教师，正高级教师，现任上海市静安区闸北第二中心小学党支部书记、校长。

　　华东师范大学音乐学专业毕业。担任上海师范大学音乐学院硕士生导师、上海市教育学会中小学音乐教学专业委员会副主任、上海市"双名工程"艺术攻关基地主持人、上海市"美育研究"劳模创新工作室主持人、静安区"515工程"小学音乐实训基地主持人，先后被聘为多个系统的评审专家等，被评为上海市劳动模范。

　　曹晏平老师七次获全国音乐学科教学评比、论文评比、教学设计评比一等奖。数十次在亚太地区音乐教育研讨会、中日音乐教育交流活动及全国、市、区级平台作公开示范课。个人撰写专著三部，主编专著八部，策划指导示范课一百七十节。

访谈时间 2017 年 11 月 15 日下午

访谈地点 上海师范大学音乐学院 103 办公室

名 曹老师您好！身为特级教师,您一定有着丰富的专业成长经历。您可否为我们讲述一下您的教师生涯以及专业成长之路?

曹 我的专业求学之路是不太平坦的。我毕业于松江中等师范学校音乐班,所谓的音乐班实际上只是比别的师范生多上了两节音乐课,所以音乐专业方面的知识我是没有经过系统学习的。并且,我们在毕业之后是语数外都可以教的,相当于全科教师,并不是专职的音乐老师,因此缺少很多的实践机会。到后来让我们去教音乐,也只是因为我们毕业于音乐班。最早我在金山工作,当时工作一个月的工资大概是 200 多元。在这期间,我还需要每周到上海师范大学上课,往返一趟的路程很长,长途车费也比较贵,从金山来学校上课一趟的车费就要 20 元。一个星期两次,一个月加上吃饭等,相当于工资都花在了进修读书上面,当然我认为这是非常值得的! 当时我们这批人念的是"三结合"大专,虽然本科进修也想留在上海师范大学完成,但上海师范大学本科不招收"三结合"大专的学生,于是我只好又参加成人高考,到华东师范大学继续深造。这是我印象比较深刻的一段求学经历。

在做了音乐老师之后,我才有一些进修学习音乐专业知识的机会,慢慢朝着专业的方向努力,所以说我专业成长的道路还是比较漫长的。在我成长、发展的过程中,我非常感谢我的恩师王月萍老师,是她给了我许多学习和锻炼的机会,使我能够取得今天这样的成绩。

名 在成长的过程中您是否遇到了什么困难,又是怎样克服的呢?

曹 我的人生目标就是做一个致力于音乐教育的探索者与实践者。在此过程中挫折困难肯定是有的,说到这里我就要讲一个故事了。

1993 年师范学校毕业后,我在金山漕泾中心小学工作了五年,1998 年作为引进人才调入闸北区永兴路第二小学。引进的时候,经过一些交谈,学校觉得我形象、谈吐方面都还不错,就聘请了我。进了学校之后,校长就请专家来听我的课,当时请了区音乐学科教研员王月萍老师和学科导师邓瑞娣老师，说是要听听看这个老师课会不会上、上得好不好。我也知道这次听课意味着什么。于是我很认真地准备了一堂课，自我感觉这堂课应该还不错。没想到听完后得到的评价却是"与当下的音乐教学理念有差距"。听了这话我犹如五雷轰顶，恨不得找个地缝钻进去。

我不理解到底是为什么？我作为引进人才，很认真地准备了一堂课，结果却得到如此的评价。可想而知，王老师这样的评价对我的打击是非常大的。但事后仔细回想起来，这样的结果也是有原因的：我在金山工作的五年期间，只参加过一次区级教研活动；中师毕业时也不像现在的师范生可以有一些学校实习的机会。所以我的确不知道用什么样的方法可以上好一节课。

当时邓瑞娣老师给我提供了很多外出听课的机会，我到外面听课后，就把听到的东西学着在课堂中运用。一次偶然的机会，我听了一节同样是男教师执教的小学音乐课，他的教学用语、教姿教态深深吸引了我，也激起了我的奋斗热情。当时我就给自己定了一个目标：我的音乐课也要达到这样的水平。一个学期之后，邓老师就对我提出了要求，要我开一节课看看有没有进步。上完课之后，邓老师觉得"这个课倒是进步蛮大的嘛"，于是又去请了王老师来听我的课。时隔一个多学期，王老师第二次来听了我的课后，彻底改变了先前对我的评价，主动跟校长提出要收我做徒弟。我心里特别高兴，因为这曾是我可望而不可即的理想。

就这样，我成了王老师的徒弟！在恩师的悉心指导下，在各级领导的关心帮助下，我在课堂教学方面的进步可谓突飞猛进，先后获得了闸北区音乐教学评比一等奖，上海市音乐教学评比一等奖，第三届全国音乐教学评比一等奖，全国信息技术与学科整合教学评比一等奖。在短短四年内，在区、市、全国范围公开教学二十余次，我第一次真正感到了成功的喜悦，接下来也一直比较顺利。这是我比较难忘的一件事情，我觉得一个人一定要懂得感恩，所以我后来见到邓老师就总是说："我不是一匹千里马，但是邓老师，我一直认为您是我的伯乐，没有您再去请王老师来，就不会有今天的曹晏平。"

当然，在不断成长的道路上我遇到的困难还有很多，其中有一件事情我也是印象比较深刻的。我在 2010 年的时候，到了行政岗位上，任学校的教导主任。当时我们学校教导处有两个人,我要分管德育、科研、体卫艺和调代课等工作,另一个教导主任分管语数外学科,工作压力还是很大的。学校里有这么多的工作,外面又还有很多学科研究的事情不能耽误,这个时候就涉及"你到底想要什么"的取舍问题,我的内心非常纠结。行政岗位往往会牵扯到大量的精力,导致你的专业发展停下脚步。当时的曹琼校长跟我说:"专业不要放,放掉很可惜,你可以朝着音乐特级教师的方向发展,我相信你有能力学会十根手指弹琴。"

其实从我自身的角度来讲,放掉专业的确是很可惜的,但是如果放掉行政岗位,我又觉得自己的价值没有得到体现,别人要说:"你这个人能力不行啊,就是只能做做专业啊。"因为我也比较好强,所以一直坚持着。

后来我调到中兴路小学做副校长,这是一所在管理上有困难的学校。当时一个很有经验的老校长也跟我说:"现在你做校长了,更应该把行政这一块做好。"其实这是有道理的,他是从他的角度来想,要我从管理这块多动脑筋,把学校的事务处理好,专业这块要适当地放一放。我当时嘴上不说,心里还是想着不能放弃我的专业。正因为自己的坚持,一年之后我被评为特级教师,这说明自己的目标一定要明确。但是在明确目标的前提下,你也要能够把其他的事情尽自己所能都处理好,而不是说,我认准一个目标之后,就把其他的都扔掉,这也不应该。所以结合我自己的经历,我一直觉得,取舍与坚持是比较重要的。

名 听了您的叙述,可以说王月萍老师对您的影响非常大。那么您后来在自己带徒弟的时候,是如何将这些影响传承下去的呢?

曹 王老师对我的影响的确很大,其实王老师就像我的妈妈一样。2001 年我的母亲被诊断为癌症晚期,那段时间我是很崩溃的,但又临近参加全国大赛,一边是自己多年来追求的梦想,一边是自己病危的母亲,难以兼顾却唯有兼顾。我母亲临终前,把我的手放到王老师手里,就像把我托付给王老师一样。她说:"王老师,以后你就把曹晏平当成自己的儿子。"在这之后王老师给予了我很多的关心、指导和鼓励,最终我在全国比赛中拿了一等奖,完成了母亲的心愿。王老师对我的要求很严格,她对我的错误都是直言不讳指出的。我一直想,师傅对你严格肯定是为了你好,既然师傅说了,那就要认真改。那时候王老师听我的课,都是直接说这里不好,那里不好,后来我就暗下决心,一定要把这些缺点都改正。

因为还要从事部分行政工作,没有太多的时间,所以我的徒弟是不多的。而且我也认为我自己也还处在一个成长的阶段,还没有到可以全身心指导徒弟的阶段。后来因为要去宝山区支教,时间上稍有空闲,又在做科研项目的过程中发现了几个跟我当年很像的青年教师,那些学校领导又非常支持青年教师的专业成长,所以我才收了几个徒弟。我带教他们,肯定是达不到王老师这样的水平的,只能尽量模仿,以自己师傅为榜样。

名　身为特级教师,您认为对于音乐教师来讲,什么技能是最重要的呢?

曹　我们这个团队里有很多像你们一样刚从师范院校毕业的青年教师,包括一些比较成熟的教师,特别是男教师。他们经常对我说:"曹老师,你是我们学习的榜样,是我们奋斗的标杆。您教会我们应该怎么做,应该从哪些方面去努力。"

我是这样认为的,每个时代对教师要求不一样,很多方面的要求都一直在变化。但从音乐教师的角度来说,有些方面始终都是比较重要的。

第一,音乐本体方面的知识与技能是很重要的。我们这代人在这方面还是略有欠缺的,这里我们要面对现实,至少从我的角度来讲,我肯定不如你们。因为我没有经过非常专业、系统的学习,不管是专业知识方面还是实践方面,我们中等师范学校毕业的学生跟你们肯定是不一样的。你们从小学习乐器,音乐知识有一定基础,而我们的五线谱都是在师范学校开始学的,那肯定有差距。我要说的是,音乐本体的东西,至关重要,既然在音乐院校学习,就要把它学扎实、学好,不管你以后踏上一个怎么样跟音乐有关的岗位,都是最主要的。无论你是做音乐老师,还是到出版社做音乐方面的编辑,或是去做音乐制作、策划方面的工作,这些知识都是重要的。既然二十四小时都待在学校里,那就要好好学习,否则太对不起父母,也太对不起自己,更对不起国家的培养。

第二个比较重要的是专业技能的掌握。在技能方面要"一专多能"。什么是"一专多能"？现在有很多研究生毕业后,专是很专的,其他方面就不行了,那就很麻烦。比如我们现在碰到上一些舞蹈律动课的老师,就是这样的：舞蹈很好,但是不能弹琴,不能唱歌。音乐课的内容是综合型的,小学、初中阶段的音乐课要求老师必须一专多能。在这一块,我的建议是我们要多培养一些兴趣爱好,对音乐课所需的专业技能都要有所接触。

第三,从时代发展的角度讲,信息技术也是非常重要的。比如 MIDI (Musical Instrument Digital Interface,乐器数字接口)的操控,音乐视频的编辑,还有谱例的处理,这些真的很重要,对我们的音乐课会有很大的帮助。对于我们这代人来说,信息技术方面的技能、知识需要自己花大量的时间去学习。据我了解,现在很多的高校都开设了信息技术及多媒体方面的相关课程,这就要我们好好地学。当然不一定要学得有多专业,但是你至少要能够运用它们去应对一些日常的、基本的问题,能够对音乐、视频等做一些简单的处理。我认为这一块也是比较重要的。

第四个我觉得比较重要的是对于问题的思考能力。有很多老师就欠缺在这方面——不会思考问题。不会自己想问题,碰到问题也不知道应该怎么去想,从哪条路径去想。比如：我现在为什么要做项目？我为什么要做课型研究？因为当前存在问题,所以我们要去做课型研究,这就是我们进行思考的。为什么做完课型研究以后又要研究第二个项目,去做难点突破、解决策略的研究？这个就是你应该不断去想的。还有一点很重要,就是发现问题之后,你自己有没有一个比较理性的、踏踏实实研究的过程？这是一个要不断发现问题、实践、改进、再发现的过程。这样一个不断思考的过程对年轻人来讲,还是非常重要的。

如果一个人只是为了赚一点薪水,满足于现状,不去思考如何变得更好,发现并尝试解决问题,就不会取得进步。有的人会说："我就是这样啊,混口饭吃就好了嘛。"我认为现在有些人有这样的想法也是很正常的,因为我自己在学校做校长也了解到这种情况,有很多老师到了一定的年龄,就觉得应当如此。如果你刚踏上工作岗位,这样想是不应该的,你的人生还很长。我觉得这一点可能是我要跟大家共勉的,我还要工作很长时间,所以我在这方面也是需要不断去努力的。

名　您在教学过程中秉持着怎样的教学理念或风格呢？

曹　我觉得我谈不上有什么教学理念，因为我认为我现在还需要再进一步的学习和研究。不像陈蓓蕾老师，她对唱游课程已经有了一套自己总结的课程理念，甚至将其推广至全国。我现在只能说是有一些自己在教学方面的感悟，或者只能说做了一些教学方面的研究，取得了一些成果，积累了一点心得，可以和大家分享。

　　我之前一直致力于"尝试—成功—创新"教学模式在小学高年级音乐教学中的研究与应用。我一直认为一定要先让学生自己进行尝试，要让他们在这个过程中体会到成功，获得亲身体会，才有可能进行创新。如果他们一直没有尝试，就不能体会到成功，当然也就不可能达到创新这一步。关于这一方面，我曾经发表过一篇论文。

　　在这项研究之后，我们又对合作学习的有效性进行了研究，对"合作学习到底有没有效""如何体现有效性"等问题进行探讨。这种合作，不仅仅指组内的合作，还有组与组之间的合作，对于我们原来所说的合作学习是一种提升。2004 年我在"全国中小学音乐教研员培训班"上公开展示过一节课，组织了小组内的合作、小组与小组之间的合作，并发现通过小组的合作学习，学生可以互相协作、互相启发，培养学生的组织能力和团队精神。曹理老师曾说："上海一直在致力于合作学习，而曹晏平老师的这堂课是对合作学习内涵的一次突破。"我们这项研究的价值得到了肯定。

名　关于您提到的课型研究的科研成果，您对它在未来课堂中的实施，有什么预期或设想吗？

曹　我希望这样的项目研究，能够给我们的教师，特别是那些即将踏上工作岗位的新教师提供一些帮助，因为不是所有的带教师傅都能跟你去讲每种课型怎么上。所以这一项目的成果展示出来，我还是很高兴的。一方面，大家很努力地在做一个项目，在踏踏实实做一些学科的研究，在这个过程中给教师们提供了一些平台和锻炼的机会。另一方面，我们真正在这些问题上，给了教师们一些建议，让他们知道怎样去上这些不同类型的课。

　　我们最初七个成员学校、四十几个人开展这项研究，到后来有这么多人参与进来，还是很不错的。我最后一次在宝山区进行成果展示活动时，来了五百多位教师，可以看得出来大家对这个项目的关注。当然在整个项目研究过程中我们一共进行了十六次大大小小的研讨活动。因为我现在也成为我们上海市中小学音乐教学专业委员会的副理事长，委员会的教学研究工作由我分管，所以我也将项目研究与委员会的学术研究相结合。在这个项目研究的过程中，我也得到了委员会领导和同行的大力支持，这也是课型项目获得成功的关键因素之一。

我这些年的研究成果，主要是出了几本书。在最近的这个课型研究之前，我最早的一本书是关于打击乐配器的，属于一套丛书，由王月萍老师主编，共三本。一本讲打击乐配器，一本讲舞蹈，还有一本讲即兴伴奏，都是跟教材内容相关的。当时打击乐配器这一部分由我跟邹文灏老师两个人合作完成，这是我出的第一本书。我出的第二本书是《乐海拾贝》。我把我在整个音乐教学生涯中所有的经历和收获写成一本书，把它分成几个篇章，实践篇，理论篇，等等。我把所有的论文获奖情况全部标注在书后，包括我参与的一些大的项目的研究。这是我评特级教师之前出的一本书，我觉得还是很有意义的，希望可以与更多的老师共勉。

再后来，我又出了一本书，叫《上课——构建和谐的学习共同体》，也属于一套丛书。一般来说，教学一共有五个环节：备课、上课、作业、辅导、评价。从学校的角度来讲，也是从校长角度来讲，抓好教学就是抓好其中的每一个环节。这套丛书的主编是赵才欣主任，我负责撰写"上课"部分，我的师傅王月萍老师撰写的是"备课"部分。这套书是从教学的角度来写的，不是仅写音乐，而是一本写全学科的书。通过写这本书，当时身为副校长的我对其他学科有了一定的了解。在进入副校长岗位之后，我把所有的课程标准通看了一遍，还去听课，跟老师一同评课，比如听语文课，我就从语文学科的角度评课。这对我来讲也是一种锻炼。

我现在在做的这个合作学习的项目，是近期课型研究外我做的第二个项目，做得也比较辛苦。因为我现在支教结束了，回到学校，学校的事情又比较多，也没有大量的时间扑在项目上面。从我的角度来讲，通过项目研究，真正地做一些促进学科发展的事情，真正地给老师搭设一些平台，真正对老师有所启示,这样就可以了,其实我自己认为这是一件体现学科特级教师价值的事情。

我 33 岁的时候被评为上海市劳动模范,劳模一般岁数都比较大,我被评上的时候还比较年轻。38 岁被评为上海市特级教师,我觉得非常幸运。我常说:为什么评你做特级教师?就是希望你能够在学科上引领大家去做一些事情。如果去宝山支教时不做这个项目,只是上几节课或者静下心来写几本书,我是可以很省力的。但我觉得只做这些就不能够体现出我的价值,就不能体现我作为学科特级教师的价值。学科的特级教师,如果真的都把对学科中问题的研究作为自己荣誉称号的价值体现,我们的学科一定会发展得更好。这才是我们应该有的境界,我一直是这样认为的,我知道自己还要去奋斗。

名　您在研究的过程中经历了哪几个阶段呢? 在研究的过程中遇到了什么困难,您又是如何应对的,可以和我们说一说吗?

曹　在项目研究的早期,首先要发现问题,也就是我前面讲的背景:为什么我要做课型研究? 到底有没有价值? 这些是要靠自己去判断的。如果项目的点没有价值,或者你觉得有价值,人家觉得没价值,那你做了也等于白做。所以在确定这个价值之前,首先要请教很多专家,要跟很多老师沟通,然后再确定这个项目是不是真的有价值,但也不能单方面依赖某几个专家的看法,还需要进一步的研究。

在确定了课型之后,就像写一篇论文一样,你不能没有框架,仅凭几个名词就开始写,论文不同于散文,总不能拿到了题目随便写。做项目和写论文一样,条理一定要清楚。到底几种课型是要经过论证的。在这个过程当中,一方面,自己要思考;另一方面,就是要多听取专家、教师和教研员的建议,借助他们的力量,做得更好。我们基本把学科的课型定位为五种,是没有大的问题的。当然,也不是说有五种就一定是这五种。一开始我的想法就是这五种课型,然后再听取各方面的建议:有没有第六种? 是不是这里面有的是不合适的? 大家都觉得分成这五种比较合适。确定下来之后,我们再来想:这五种课型到底是什么? 难道就是配一节课吗? 配节课上去就好啦？这个课到底要研究什么？通过这个课，你想说明什么？这是要有一个内在逻辑框架的。每一种课型我们要研究什么——研究它的基本特点，研究它的目标，研究它要培养学生的核心能力。每种课型培养学生的核心能力是不一样的。我举个例子。音乐学科的核心能力有三个，以"乐感与音乐美感表现"为例。设想一下，歌唱有歌唱的乐感与美感，演奏有演奏的乐感与美感，舞蹈律动有舞蹈律动的乐感与美感，它们是不一样的。所以这个核心能力，是我们要研究的一个方面。上课的基本流程也不可以随意颠倒，不可以乱来，这也是要进行研究的。这几个点确定了之后，课堂教学的设计就是围绕着它们展开，最后每个课例都有点评。点评的专家有学科特级教师，大部分是教研员，负责对各自所在的区的课例进行点评。关于这个点评的视角我们已经跟他们进行了沟通，大家要从这个课型的不同视角去点评，然后通过一节一节鲜活的课，把最终的成果呈现给大家，看了以后知道怎样去上好这个课型的课。因为从教师的角度来讲，他最想看的就是课。如果结合这个课来看书，教师们就很容易看懂了。

"学习难点解决策略"这个项目，跟课型项目的呈现方式不同，我们想的是要聚焦于一个难点，用微课的形式直接告诉大家应该怎么样来解决这个难点。直接把策略提炼出来，让教师对照策略来看这个课，就比较直观。

集教研、科研于一身的研究型教师

——访上海市延安中学音乐特级教师

孙丹青

孙丹青，上海市特级教师，正高级教师。全国中小学美育教学指导专业委员会委员，全国"双新"教材审读专家，上海师范大学音乐学院艺术硕士生导师，上海市教委专家库特聘专家，上海市首批艺术教育名师工作室领衔，上海市音乐名师讲堂特聘专家，上海市音乐名师基地导师。曾获上海市长宁区领军人物、拔尖人才、优秀学科带头人、创新团队领衔人等荣誉，所参与的区重点课题均获各级科研成果奖，出版《中学音乐教学中的人文关怀》等八部理论专著。

孙丹青老师致力于艺术课程改革，提出了"一纲多本"的校本化艺术课改思路，开创了"实践·示导"的艺术教学模式。她致力于开发课程、撰写教材、钻研教法，形成了三位一体的"人文关怀"教学特色。

访谈时间　2017 年 7 月 1 日上午

访谈地点　延安中学艺术教研组办公室

名　孙老师您好！您能和我们分享一下您的专业成长生涯以及教师工作生涯吗？

孙　我出生在一个特殊的年代，红歌红舞伴我度过了学生时代，繁育出我的音乐细胞。我爱上了音乐，爱上了弹琴唱歌，也爱上了欣赏世界名曲。为了成就音乐梦想，长大后我毅然选择音乐教育之路，成为上海师范大学音乐学院音乐教育专业的一名学生。在这里，我认识了祁光路、金声、徐武冠、徐小懿、俞萍、施忠、张荫尧、冯季清等一大批名师，学习了声乐、钢琴、伴奏、和声、作曲等许多专业课程。对于酷爱音乐的我来说，这里好比一个音乐天堂。因此，我孜孜以求，尽情遨游于艺术的海洋，上海师范大学的音乐修行也就成为我人生道路上最美丽的风景、最美好的启程。

说起我的教师生涯，我想大抵可以分为三个方面。

第一，以研带教，在艺术教育方面风格独特、成绩卓越。众所周知，音乐教育专业服务于学校艺术教育，到了学校，你可以依旧喜欢你的音乐专业，但工作重心显然必须转移到音乐教育上了。得益于各种高级研修班的培训，我开始了课堂教学实践的严格训练——设计教案、制作课件、公开教学、职后培训，等等。说起制作课件，我是延安中学第一个用 PPT 上课的老师，尽管我不是最擅长做 PPT 的。当时我一切的工作都围绕学校艺术教育，最多的时候，一个月要开 1—2 节公开课。功夫不负有心人，长期的课堂实践与磨炼，让我收获了各级各类教学评优的最高奖。由此我实现了从音乐专业到音乐教育的职业转变。在实现职业跨越的过程中，我一方面致力于课堂教学的课程改革，另一方面又积极推进校园多样化艺术团队的组建及文化建设。

如果说踏上工作的前几年，我是在凭感性经验摸索课堂的话，那么世纪之交，在"科研引领"的指导下，我开始注重以理论来"武装"实践了。

首先，我提出了"一纲多本"的校本化艺术课改思路。依靠学校的支撑，教研组取得了艺术审美与艺术人文"两本"的双赢。

其次，依托科研，我开创了"实践·示导"的艺术课堂教学模式，为开发学生创新思维进行了积极的探索，形成了以"人文关怀"为特色的教学风格。教学上的钻研与成就使我频繁亮相于区级乃至市级的评优课、展示课、交流课、公开课。由于注重理念更新、实践反思、行为跟进，我先后赢得了"长教杯"教学评优一等奖、长宁区中学文科中青年教学评优一等奖、上海市中小学中青年教师教学评优一等奖、长宁区教学研讨优质课奖、长宁区德育研讨教学评优优胜奖、长宁区数字化教学评优一等奖等多项奖项。除了致力于基础型课程的研究外，我还努力开发校本课程，撰写并出版了校本教材，积极探索拓展型课程板块。

最后，作为艺术中心负责人，我协同学校其他教师先后推出延伸型、兴趣型、特色型等拓展型课程，很受学生欢迎。我所领衔的课题"高中音乐校本课程设置与校本教材建设的实践研究"正是科研在拓展型课程领域的实践。

在研究型课程领域，我所提倡的"师生共进"的理念又开垦出另一片绿色。学生既是研究对象，又是研究者，围绕"人文""两纲""创新"等区级重点课题，研究取得了独具特色的成果。

与此同时，在教学之外，我还配合学校发展，积极筹划、组织、参与学校的艺术社团建设，如民乐队、合唱团、戏剧社、吉他社等。我指导开展了多项艺术实践活动，如"金秋"文艺汇演、广场音乐会、新年音乐会、"五四"歌会，策划了"走出去"的"相约大剧院"和"请进来"的"高雅艺术进校园"等活动，极大地丰富了学生的课余生活，活跃了学校的文化氛围。我所组织指导的学生社团在上海市"布谷鸟音乐节"（音乐）、"金孔雀舞蹈节"（舞蹈）、学生戏剧节（戏剧）、学生艺术节（综合）等专场比赛中获一等奖。其中，民乐团更是以强劲的优势数次赢得全国中小学艺术展演一等奖。值得一提的还有戏剧社，借助"艺术人才一体化选拔培养"首批签约学校（上海戏剧学院与上海市教委联合办学）的优势，我将校戏剧班与戏剧社合二为一，打造全新的戏剧教学模式，使学校戏剧社在长宁区戏剧比赛中异军突起。作为上海市以及长宁区重点艺术团队，民乐队、合唱团还参加了与英国、法国、韩国、日本、菲律宾等国的外事交流活动，提高了团队的艺术水准、提升了学校的艺术品位。

第二,以教促研,在教育科研方面特色鲜明、成果累累。早在上海市骨干教师培训班培训期间,我就听闻教育界的一句话:科研引领教研。当初我觉得这句话可能只是一句口号而已,但是没想到若干年后,我成为这句"口号"的坚强捍卫者与坚定践行者。随着二期课改启动,各种教育法规不断出台,各种教育观点争鸣,"闭门上课"有脱离实际的危险,教研活动开始突破原来"备课-上课"的简单思维,如何与课改精神接轨成了教研活动的主要内容。为了与时俱进,我开始了课堂教学的研究工作,从 2000 年开始,我的工作重心转为课堂教学的研究工作。最初我是以写论文的方式进行研究,后期我又以课题进行研究。论文也好,课题也好,它们都是"同宗共祖"的,都是"实践—认识—实践"的研究。这些研究中,不乏人文教育的研究、民族教育的研究、创新教育的研究、开放教育的研究、问题教育的研究等。正因为这些教育研究,我的课堂教学没有停留在感性的、侥幸优秀的层面,而是达到了理性的、持续优质的高度。科研引领教研,这真的不是说说而已,而是教育的真谛!直到现在,我依然在研究学校教育,因为它使我的课堂更加精彩,它带给我的收获远远超过我的想象。

课题方面,我以教学为根本,以科研为引领,积极探索课改背景下的艺术教育规律,取得了丰硕的科研成果。我先后领衔区级重点课题与市级课题十余项,由于前瞻性与科学性,课题获得上海市和长宁区的科研成果一、二、三等奖。此外,我还多次协同长宁区艺教办开展区域层面的课题研究,参与并执笔长宁区的艺教课题。这些课题敏锐度高、针对性强,涉及当前课改中的一些热点难点问题,对区域艺术教育的改革具有重要意义。

论文方面,对教学的深入研究使我积累了很多的科研成果。《中国音乐教育》《中小学音乐教育》《上海教育科研》《现代基础教育研究》《长三角教育》等报刊刊登我的论文案例上百篇,我的教学论文被多种研究论集收录十余次,其中一半以上的文章获得了长宁区、上海与乃至全国的一、二、三等奖。

专著方面,自从我进入名师基地和担任学科带头人以来,教育科研成果也日趋丰富。我以高度、力度、跨度为三维目标,出版了个人专著《中学音乐教学中的人文关怀》《音乐文化交响》《谱写教师成长的新乐章》等。这些科研成果集中了我的教学研究精华，透射了我对新课程改革的教育认识，也离不开团队的心血付出。它们对学校、长宁区乃至上海市的艺术教学有重要的借鉴、参考作用。此外，受教育局艺教办的委托，我还参与编写了反映长宁艺教成果的《迈进艺术教育的殿堂》。

第三，以身作则，在教师培训方面影响深远、成效鲜明。我不仅做好延安中学的分内事，还以满腔热情和出色成绩为长宁区以及上海市的艺术教育发展添砖加瓦，一直活跃在区市的艺术教育舞台。我通过以下几项工作来履行职责。

长宁区学科带头人的项目负责制。由于出色的工作成绩，我连续三轮担任优秀学科带头人。十余年来，我领衔了以"艺术人文""民族精神""艺术创新""校际联动"等为主题的项目，以课题带项目，以项目带教师，以教师带教学，教学成果得以辐射。由于实绩突出，我所领衔的项目连续被评为长宁区项目负责制的优秀项目，我所带教的学员不仅获得优秀学员称号，还晋升为高级教师、学科带头人。我则作为优秀培训者，多次在长宁区项目启动与总结会上进行经验介绍，区项目研发中心则宣传和推广了中学音乐项目组的经验与成果。

上海市普教系统名师工程。由于勤奋刻苦、敬业爱岗，在首届名师基地培训时我就被认定为音乐基地的重点学员。结业以后，我又因业务能力强被任命为第二轮音乐名师基地的导师。期间，我负责了"音乐课题设计与研究"课程的培训工作，由于具有一线教师的工作经验，培训深入浅出，得到了基地学员的一致好评。

上海市艺术教育名师工作室。2013年，上海市教委发起了首轮"上海市艺术教育名师工作室"创建活动，我以拥有十年团队领衔经验的优势和热情的服务意识成为"十二五"期间的首批音乐名师工作室的领衔人。工作室以课题"基于艺术工作室的校际联动运作机制的实践研究"为先，带领长宁区音乐骨干教师在教研、科研、艺术实践等方面进行了全方位的学习培训，并以画册《上海市艺术教育工作室的春华秋实》向上海市教委以及长宁区教育局递交了出色的答卷，成为上海市艺术名师工作室建设的楷模。

上海市网络教研工作。自从上海市教委教研室开展"一师一优课"活动开展以来,上海市艺术学科逐步走向覆盖全市的网络教研。我作为研究型教师被任命为首批网络教研专家。几年来,建言献策、听课评课,我积极履行网络教研专家的职责义务,努力使网络教研工作与市艺术中心组工作互通整合,推进了上海市的艺术教研工作,深得艺术教研员的信赖。

上海市特级教师工作室。2014 年,我积极响应政府号召支教青浦,克服路途遥远的困难,将艺术工作室、音乐项目组、艺术课题组以及青浦的艺术基地、艺术中心组整合成"五位一体"的师训群体。在这个群体中,我以特级教师的身份,发挥着教研、科研以及艺术实践等多方面的引领作用,如教学示范、听课指导、报告讲授、课题研究、教科研评审、活动策划,等等。出色的业绩使我荣膺"青浦教育发展贡献奖",我为教育作出了应有的贡献,也为长宁区赢得了很好的声誉。

上海市长宁区创新团队。2018 年底,长宁区政府为创新人才发展模式,建设人才高地,发起了新一轮创新团队的申报,我领衔的"学校艺术文化创意园建设的行动研究开拓团"有幸获批跨教育系统的长宁区创新团队。团队架设了职责分明的创新机构,启动了科学系统的创新机制,取得了包括活动内容、活动形式等的全方位创新成果,繁荣了长宁区的艺术创新局面。

上海市长宁区校企合作团队。2022 年底,长宁区政府为促进产学研进一步的融合,推出了新一轮的"资源共享、产业共兴"校企合作项目。由我领衔的延安中学申报项目"'双减'背景下音乐医疗功能的开发与应用"获批校企合作支持计划的重点项目第一名。该项目中,作为校方的复旦大学负责实验室的生物实验,作为企事业方的长宁学校音疗队则负责音乐研发、活动开展、案例跟踪与音乐疗愈。该项目取得了令人信服的研究效果,计划到2025 年底逐步向社会进行推广。

名 您的教学特色是什么?它是怎样形成的?

孙 我的教学特色是"人文关怀",简言之:人类文化加人本学习。我的教学风格的形成,依靠的是科研,它大致经历了以下三步。

第一步——确定研究方向。为顺应时代背景,执行艺术课标,扭转教学现状,二期课改初期,我开始了以"人文关怀"为主题的课题研究。

第二步——践行研究内容。在课堂版块中,主要是课程开设、教材开发、教法创新:开设"一纲多本"的校本化人文课程,创设人文教育的平台(课程设置);出版校本教材《音乐文化交响》,提供人文教育的蓝本(教材开发);运用"实践·示导"教学模式和"认知—拓展—实践—研讨"四环节教学流程,优化人文教育的方法(教法创新)。在课外版块中,主要是活动课程化、活动系列化、活动精品化:将所有教学活动纳入课程,使之丰富多样、规范严谨,以此体现活动课程的人文内涵(活动课程化);将学校众多活动归类为艺术观摩、艺术讲坛、艺术实践、艺术交流等,以此完善活动课程的人文内容(活动系列化);在普及的基础上进行提高,扶植重点社团,形成艺术品牌,以此提升活动课程的人文品质(活动精品化)。

第三步——产生研究效能。提高审美素养——让学生喜欢音乐也喜欢音乐课;凸显文化魅力——学生由只懂"哆来咪"变为兼懂音乐文化;彰显学生个性——学生由被动接受转变为主动思考,由听众、观众变为评论者。

进入音乐名师基地以后,人文关怀的研究有幸得到进一步深化和推广,上海教育出版社出版了我的"人文关怀"专著《中学音乐教学中的人文关怀》,书中将人文关怀提炼为三句话。

以"情"为重,强调音乐的审美体验。体现在课堂里,就是注重教学内容的审美因素,注重教学方法的审美原则,注重教学环境的审美特征。

以"识"(学识)为要,挖掘作品的文化内涵。体现在课堂里,就是凸显音乐学科的本体文化,挖掘艺术领域的相关文化,整合其他学科的边缘文化。

以"人"为本,优化课程的教学策略。体现在课堂里,就是尊重富有个性的创新体验,创设民主和谐的教学环境,运用科学全面的评价方法。

至此,我以"人文关怀"为特色的教学风格基本奠定。

名　您如何关注到"人文关怀"问题并且将其变成您的教学特色? 它对高中艺术教学有何意义或实际功效?

孙　说起我如何关注到"人文关怀",其实有三方面的原因。第一,是对时代背景的顺应。世纪之交,我国特别强调科学与人文的相容,艺术与人文学科紧密相关,文化乃是它赖以生存和发展的命脉,因此高中艺术的核心任务除了培养审美,重要的就是提升人文素养。第二,是对艺术课标的执行。艺术课程总目标的第一条就是要认识多元文化、开阔艺术视野。第三,对教学现状的扭转。课改以来,教材内容虽然注重人文脉络,但还是有教师缺乏重组能力,将作品从人文主题中割裂出来进行纯作品分析,甚至把音乐课上成唱唱跳跳的技能训练。在教学方法上,虽然有师生互动,但还是有教师把活动视为表面文章,缺少师生之间的心灵对话,结果造成人文性和人本性的双重缺失。

鉴于以上原因,我不失时机地抓住了热点,进行了艺术领域的"人文关怀"研究。我将"人文关怀"作为我的教学特色,原因有三点。

第一,理论源头。我综合了以上雷默的审美教育、艾略特的实践教育和鲍曼的文化教育三种理论的精华,以审美性、人文性和人本性重构三位一体的、具有自己独特话语的教学观点,即"人文关怀"。

第二,时代背景。音乐是人文学科,文化是它赖以生存和发展的命脉,因此高中艺术的核心任务除了审美,最重要的就是人文。

第三,课堂理念。基于艺术审美规律的需要、音乐文化传承的需要以及学生欣赏心理的需要,二期课改初期,我开始了以"人文关怀"为主题的课题研究,并逐渐形成自己独具风格的核心课堂理念。

名　您的"实践·示导"模式的理论依据是什么? 模式的利弊分别又是什么?

孙　模式的提出源于中国台湾教育家陈龙安的"ATDE"模式。"A"就是"Asking"(问),"T"就是"Thinking"(想),"D"就是"Doing"(做),"E"就是"Evaluation"(评),其核心思想就是培养学生的创造性思维。而"实践·示导"是根据课标精神而推出的一种互动性学习模式,是学生根据人文主题对某一作品所展开的探索性学习,其内核是与"ATDE"一致的。

模式的"利":第一,模式基本上都有科研理论的支撑,因此可以使课堂教学科学规范、严谨理性;第二,模式突出了横向块面与纵向流程,可以使课堂教学环节清楚、教学流畅。模式的"弊"在于很容易造成模式化,使教学陷入预设的深潭而缺失了机智与灵动。我认为最好的方法是依据现状，合理使用模式，与时俱进，随时优化模式。

名　您在青浦支教过并取得了很大成绩，您能谈谈您的支教经历吗？

孙　我把我的支教经历概括为四个方面。

在教育教学上，发挥学科带头人的指导作用。具体说就是带领大家对课程、教材、教法进行实践研究。

在教育科研上，发挥科研员的引领作用。具体说就是带领大家对当前的热点、焦点问题进行理论研究。

在活动策划上，发挥名师工作室的主导作用。具体说就是带领大家对业务进修与活动开展等进行工作的规划与实施。

在教师培养上，发挥基地导师的辐射作用。具体说就是带领大家对市级层面的各种活动进行贯彻与指导，如一师一优课、网络教研等。

名　您在音乐教育事业中遇到了什么挫折？ 您如何克服了这些困难走到今天？

孙　挫折似乎有点讲重了，困难倒是不少，最大的困难，就是综合艺术的课堂实践。

首先是观念的更新。从事音乐教育的我和大家一样，对于世纪之交的那场艺术教改是预料不及的，但改革的浪潮不允许你有滞后的思想与行为，于是，我给自己设计了一条"学习文件精神—阅读课标理论—践行艺术教学—总结实践经验"的修行之路。时至今日，我不仅改变了教育观念，还成为一名艺术教科研的实践研究者，研究型教师的身份赋予了我超越音乐的艺术使命。

其次是知识的积累。课改前，我们上的是音乐课，大学里的音乐知识与技能绰绰有余；课改后，我们上的是艺术课，综合艺术需要我们掌握除音乐之外的各艺术门类的文化知识。这不能不说是一种挑战。为此，我只能通过通识培训、职务培训等渠道不断"充电"，丰富自己的综合素养以胜任当前的课堂教学。直到现在我还在学习，因为学无止境啊！

最后是方法的改进。新课程新教材,新教材新教法。艺术课程所要求的教学方法是突破传统的教师中心的局面,为此,通过课题研究,我以"实践·示导"的双板块模式打开了师生互动的局面,并且开通了"认知—拓展—实践—探讨"的四环节流程,教学由一潭死水变成了活水。从此以后,课堂不再沉闷,兴趣不再低迷,学生喜欢音乐课,课堂生机勃勃!

名　最后,我想请您给我们的青年教师和师范生一些建议。

孙　教学生涯好比一部人生交响曲,序曲是师德修炼。教师应该爱岗敬业,有正确的职业观念,而这背后的支撑是对教师这一职业的热爱,否则,说什么关心学生、教书育人,恐怕都是空喊口号。

教师职业生涯就像交响三部曲。

第一部——职业感悟。首先,新教师要适应常规、熟悉岗位。其次,还要克服登台的紧张心理,用知识和人格魅力征服学生。

第二部——转变角色。也就是说新教师要变原先大学里的"专业角色"为"教学角色"和"教育角色"。拿音乐学科来举例,你是杰出的声乐艺术表演家,不一定说明你就是一位优秀的音乐教师,艺术教育不仅需要艺术专业技能,更需要艺术教学本领。

前两部只是成为一名合格教师的基本要求。而要想在教师这一职业上有所追求和突破,成为特色型教师,最终成就教师事业的话,第三部至关重要。

第三部——教研和科研。第一,要多参与学科教研活动。例如,可以通过参与各级各类教学比赛来磨炼自己,这样的过程可以让教师快速成长。第二,也是最重要的一点,就是要沉下心来从事教育科研。科研既可以指导教学,更可以指导教师发展,通过科研带教研,教研带教师,教师带教学,可以形成一个"学校教育—教师教育"的良性循环。这样,新教师就可以在新岗位上得心应手、游刃有余,进而成就自己的职业梦想。

诗意栖居在音乐教育大地上

——访上海市川沙中学音乐特级教师

陈璞

陈璞，出生于1973年，民盟盟员，上海市特级教师，现任上海市川沙中学发展中心主任。

毕业于上海师范大学音乐系。曾担任浦东新区政协委员、民盟浦东新区区委委员、浦东新区音乐教师培训基地主持人、上海市国家教师资格考试考官、上海市教委教研室专家库成员、上海市音乐教师培训者研修班导师、上海市中学教师高级职称评委、"一师一课"部级优课评委等。曾被评为上海市艺术教育先进个人、搜狐教育"年度变革力教师"，获上海市教师"君远奖"。获教学与科研奖五十多项，发表教学研究文章一百多篇，编撰教材《通俗歌曲之旅》，出版教学专著《最美，艺术课》，曾受《上海教育》《现代教学》《教师博览》等刊物报道。

访谈时间　2017 年 6 月 20 日下午
访谈地点　上海市徐汇区桂林路 68 号木及咖啡馆

名　陈老师您好！您从任乡村音乐教师到兼任高中语文老师,之后又一步一步成为音乐特级教师,走到今天,取得这么多丰硕的成果。请问您当时是怎样走上音乐道路的呢？

陈　主要是因为家庭的影响吧。我的父亲中学时就非常喜欢音乐,是一个音乐爱好者,他自学了二胡而且拉得不错。他还喜欢唱歌,算是抒情男高音,比较擅长唱蒋大为的歌曲,我的嗓子其实就是遗传自我父亲。记得那时候的夏天,我家有个大露台,别人家乘凉就只是聊天,而我们家就可以在乘凉时唱歌。我父亲大学毕业之后到安徽教过十年书,在 20 世纪 80 年代中期回到了家乡上海。那时候我们的学业没有现在的孩子这么紧张,现在的孩子不但要在学校上课,课后还要上很多补习班和兴趣班,我们那个时候就只是单纯的学校上课,课外也没有什么事情,也不会补课。所以,我父亲就希望我和弟弟学点音乐。但是小孩子没什么定性,拉了几天二胡,我也就没坚持学下去。后来,父亲想让我们学键盘乐器,但是由于钢琴价格非常昂贵,所以就想学电子琴。记得当时买了一架国产的电子琴,电子琴差不多学了一年左右,是看着教材自学的,是右手弹主旋律,左手有自动的伴奏。后来又发现电了琴使用起来比较麻烦,要插电源,而且搬起来也不便,所以我们家里又买了个手风琴。当时电视台恰好有手风琴教学的讲座节目,看着电视里面老师如何教,我们兄弟俩就跟着学,也就学了一点皮毛,可以简单地拉一些歌曲伴奏,左手的贝斯基本的 Ⅰ、Ⅳ、Ⅴ 级伴奏也都能配上,父亲也给了我们一些指导。就这样,我们兄弟俩都学会了电子琴和手风琴,所以我的音乐学习很大程度上是受我父亲的影响。

名　据说您喜欢文学,非常喜欢写文章。您在学生时代发表了很多文章,也希望能从事一些文字工作。那么最后为什么会选择音乐专业呢？能跟我们分享一下您的求学经历吗？

陈　一开始学音乐其实主要是将音乐作为一种爱好。上了中学以后,我们兄弟俩都经过变声期，我弟弟去唱通俗歌曲了，而我的声音变得像我父亲。因为特别爱唱歌，所以乐器的爱好就放下了。在我中学阶段，除了读书写作，歌唱就成为我最大的业余爱好。进入高中以后，升学压力比较大，而且20世纪90年代初期的高考太难了，就像是"千军万马走独木桥"。由于我在普通高中，仅凭文化课的话，一个班里考不出几个人来。当时如果是农村户口，高考落榜就要回家务农，而我是城镇户口，如果考不上就要进技校或参加招工。但是这个发展方向跟我年少时的理想是大相径庭的，因为那时候我也算是文学青年，喜欢文学，喜欢写作，所以我想我一定要读大学。于是从高二开始我就选择了艺考这条路，因为考艺术专业的话，对文化课要求不是很高，主要看你的专业成绩。我上高中的时候，就算有特长，但是如果语数外三门主科中有一门不好，高考根本没希望。其实，我当时是比较想去大学读新闻系或者中文系这类的专业，出来以后从事记者、作家的工作，因为我在初中时代就已经开始发表文章了。我初中升学考的作文是拿了满分的，当时还收录在《上海市初中毕业应考作文选》里。到高中的时候，我发表了一些诗歌、散文，参加作文比赛也得了许多奖项。虽然我在语文方面比较突出，但是数学一般，而且英语不太好。在我们那个年代，高考是绝对不能偏科的。所以，家里人和我一起商量未来的路怎么走。因为我喜欢唱歌，嗓子也可以，就去学音乐。当时，我就学了一年，找了一个专业的老师学钢琴，学声乐，学乐理，每个周末去上课。就这样学了一年，顺利地通过了上海师范大学（简称"上师大"）的专业考试。我们那个年代不像现在，现在没有"童子功"的话肯定是不行的。那个时候对音乐技能的要求不是很高，所以还是顺利地考上了，或许也可能因为我是男生所以加了点分吧，哈哈。我还记得当时初试是唱的《康定情歌》，我的钢琴水平其实还是挺低的，初学嘛，不是作为主项，弹的是《春之歌》。复试我唱的应该是《在那桃花盛开的地方》和《三峡情》。唱《三峡情》给我留下了深刻的印象，考试之前我借了个小琴房练声，里面声音效果很好，很拢音。但是考试的时候是在音乐系的小音乐厅，声音都被吸掉了，我自己听起来声音感觉很小，所以就拼命唱，唱得很兴奋、很激动，铆足了劲唱，当时台下的评委老师还一直在笑。后来，我进了上师大音乐系的专科班。系里面一个年级一共就两个班，这个专科班里上海和外地的同学都有,另外一个班叫"二二制"班,都是上海生源,上两年后,"二二制"班一半的人升到三年级,一半的人和我们专科班同时毕业。所以,我们当时一届学生只有 80 个人,到三年级后一届学生只有 20 个人。现在上师大的发展还是很快的!当时四年级本科毕业的 20 个人中不乏佼佼者,也有很多留在大学做老师的。你们现在学音乐是一种学习生活的选择,而我们那个时候是改变命运的抉择。假如我们当时没考上的话,我们的人生将会是另外完全不同的轨迹,虽然那一条路不一定不好,但是我现在感觉做老师还是很适合我的。

名　您在做音乐教师时,也兼职做语文老师。您能跟我们分享一下这段特别的工作经历吗?

陈　从上师大毕业之后,我就被分配到自己的母校任教。有一次放暑假前,领导突然来问我可不可以下学期兼任语文老师,因为我本身语文也不错,音乐老师我做了也有很多年了,有点倦怠了。而兼任高中语文老师不仅对我来说是一个挑战,也给了我一个全新的生活。于是,2002 年我就走进了高一(3)班,成了一位兼职语文老师。同时任教两门课,这让我对教学又充满了热情,语文教学对我而言是一个全新的领域。我着手对语文学科展开日益深入的探索,这本质上就是一场对学科本身的求知之旅,这种课程实践和学科理解相结合的经验其实是非常宝贵的。因为我是音乐系毕业的,做音乐老师是顺理成章的。但我教语文学科不一样,因为语文教学的教学法我没有学过,大学也没有上过中文系的课。那我就需要去研究语文要怎么来教,在慢慢研究中我发现,语文和音乐学科在精神意义、文化传承方面其实是有共通之处的。于是在语文教学中我就摒弃掉以教材为纲的做法,因为当时大部分教师都是按照教参来进行教学的,那时候网络也不发达,没有很多渠道来搜集资料,所以大家都是依靠教参。但是我还是要收集更多的教学资源,让学生听到更多"窗外的声音",让他们更多地加入自己的思考。参照语文学科拓展课程资源的经验,我又开始对音乐课的课程内容进行拓展。正好在这个时候,校本的理念正在逐步形成。以前校本教材的概念是没有的,于是我将课程资源进行拓展,逐渐形成脉络和主题,最终完成了音乐校本教材的开发。也就是说,我用音乐教师的激情点燃了语文课堂,又用语文教师的经历反哺我的音乐课堂。

就这样,从 2003 年开始,我个人教学的状态就改变了,从这个时期开始,我教学方面的潜质或者说教学能力引起了音乐教研员倪红老师的关注,我也成了她的重点培养对象。当时,她对我采用了一种任务驱动式的培养方式,就是让我完成一个个的任务,比如让我跟她一起参加教研会议,帮她撰写一些学科文件,去某个学校讲一次课……很多人认为,领导、专家给你布置任务,好像就是给你差事,占用你的时间和精力,其实我们要从另外一个角度来看,这不就是学本事、长知识的机会吗? 2006 年起我就开始担任我们南汇区的兼职音乐教研员,此后,参加调研、评课等活动,也使我对音乐教学的把握能力上了一个台阶。

名　**在上海的中小学中,很多音乐教师除了要完成日常教学任务,还有其他的任务,比如带社团、合唱团或者其他工作。这些很可能就要占用自己的下班时间,很多音乐教师都会对此有小小的抱怨。陈老师,在您看来,我们应该如何对待,或者说如何平衡自己的工作时间和下班时间呢?**

陈　这个情况确实很多学校都会有,但是每个学校的情况都不一样,比如说对于额外的教学任务,有的学校还是会有额外的酬劳的。在这些学校中,老师还是能够得到相应的回报,劳动付出与回报其实还是对等的。但是有的学校,有的老师做了很多工作,领导派给他很多任务,但是他并没有得到相应的报酬、尊重,甚至连鼓励都没有。这时候,教师难免会出现心态失衡,但是我们要明白以下两点。

第一,我们为学校的付出所带来的回报,比如带社团或者合唱队的成绩,既是学校的,也是我们自己的。

第二,如果你是新老师,最好不要直接去找领导谈,要先和自己的年级组长、教研组长交涉一下。其实音乐教师带队排练、开公开课、发表论文是专业成长的方式,也是促使自己不断进步,不断融入学校、适应环境的契机。这些,同样也会成为你的个人能力和经验资本。如果你最终认为学校给你的待遇不好或者尊重不够，你可以选择换一个工作岗位。在这个过程中你付出的这些努力、收获的这些成绩，都是属于你自己的，而且当你想要换学校、换岗位，你会发现自己曾经付出的汗水就是你的底气与资本！

名　陈老师，在与一些刚入职的老师交流时我了解到，有些人在刚做教师的第一年或者前几年，就出现了职业倦怠的现象，您对这个问题有什么看法呢？

陈　我认为刚工作一年或者几年的老师还是属于初入职的老师，其实真正来说，他们这种情况并不是职业倦怠。他们只工作了一年，或者工作了几年，他们只是还不适应。所谓倦怠一定是在一定长的时间之后，在机械工作或者是简单劳动中产生的。初入职的教师不会，起码工作还不到一定的时间。这个其实就像婚姻要面临"七年之痒"一样。婚后一年出现问题是婚后不适，双方没有感觉的时候才是倦怠。所以，一年肯定不是倦怠，一年是不适应。假如到第二年甚至第三年了，还是不适应，那我建议要对自己准确定位，可能教师这个职业不是最适合你的。其实一年的不适是很正常的，工作之后都会有一个环境、教学、人际关系等各方面的适应，但是三年后还不适应就是真的存在一些问题了，可以考虑要不要把教师职业继续下去了。

名　陈老师，通过这么多年的教学，您是否形成了自己的教学理念和教学风格呢？能具体和我们分享一下吗？

陈　就我自身来说，我上课是非常激情飞扬的，算是那种"激情派"，但并不是说这是唯一的风格。其实一个老师的教学风格也不会只有一种，这也有先天性格的原因。教学风格可以是激情的，可以是温婉的，也可以是春风化雨的，每个人都要找到自己最合适的一种风格。千万不要强求自己，一定要形成与自己性格相一致的风格。我形成这样的风格，是因为我本身的性格就比较富有激情，那么向与我性格比较相符的风格靠拢，可能是一个比较简单的方法。但是你个人的性格不是那么外向，硬要形成外向的风格，也是比较困难的，而且也学不像。如果要说教学理念，我提出了自己的"三景"教学理念：以音乐为近景，以艺术为中景，以文化为远景。

名　对于马上要步入工作岗位的新手教师们来说,对于如何形成自己独特的教学风格还是会感到困惑,您可以结合自身的经历给我们一些建议吗?

陈　我在刚才也有提过,个人的教学风格与个人性格也有一定的关系。但在风格恒定的情况下也可以有一定微调的空间,我认为,教学风格也是和教学年级及课型有关的,在小学一至二年级进行教学,跟在三至五年级进行教学,可能就不能采取一样的方式。现在,我们上海市在进行艺术课程的改革,改革有成功的地方,当然也面临不少困惑、难题。首先,大家对即将踏入的工作岗位和对自己要任教的学段以及学科要清楚,小学低年级其实是音乐“唱游课”,小学高年级是以“歌唱和欣赏”为主的音乐课。音乐课一直持续到初一,然后到初二、初三,就是我们现在说的八年级、九年级是叫艺术(音乐)课,是以主题呈现的方式来学习艺术(音乐)。到了高中阶段就属于综合艺术课了。在这些学段该如何定位,就需要教师自己来考量了。教师的教学风格不仅与学生的年龄、年级有关,还要根据不同班级学生的学习情况来决定。有些班级属于那种比较活泼的班级,教师的风格就要相对沉稳一些,要能控制住学生。对于比较内向的学生,教师就要相对活泼一些,调动学生的积极性,起到中和的作用。

名　很多毕业生进入社会工作之后,会发现现实与梦想的差距比较大。对于这些同学或者说“准教师”,您有没有什么建议?

陈　很多时候,我们面对的问题确实是这样的,大多数学生都是怀着美好的理想去努力的。但是有时候,越是理想化,理想破灭得可能就越快。其实这个时候就要告诉学生,我们要成为一名优秀的音乐教师,需要具备一种智慧。比如领导不支持你的工作,你可以想怎样来说服、感化他,最终被他认可。然后,还要舍得吃亏,吃亏是福啊!现在的孩子大部分都是从小顺风顺水过来的,都是“温室里的花朵”,受不得挫折,受不得委屈,受不得吃亏。但是,我们到了一个新环境中,一定要学会适应。现在学生、家长、学校对我们老师的要求越来越高了,对新老师成长的宽容度也越来越低了。所以,你在成为教师之前,要对自己有一个准确的认识和定位,我适合到什么学段去工作,适合什么学段的学生,不要一味地说我就要教高中,或者就要教初中,这样对于自己的职业来说是不负责任的。在对自己有了准确的定位和职业认知之后,再去选择自己今后要从事的工作,才会比较顺利。

名　下面的几个问题,可能是近几年比较热门的一些问题。第一个问题,在您看来,为什么国外三大音乐教学法难以很好运用在我国的音乐课堂教学中,其中的原因是什么?

陈　对于这个问题,我认为主要有以下几个方面的原因。

第一,与学校的硬件条件或者说硬件环境有关。像我们现在的学校,上音乐课学生们都是插秧式地坐在一起上欣赏课、唱歌课。而像奥尔夫、达尔克罗兹甚至柯达伊这些专家的教学法,对场地是有要求的,是需要空间来展示、表演、活动的,与我们现在局限在座位上的这种教学形式不符。

第二,与师资有关。其实真正会用这些国外教学法的教师还是比较少的。虽然每年都组织教师去各处培训学习,但是相对于教师总数来说,这毕竟还是少数。此外,在我们大学音乐学院里的老师和学生,对三大教学法的研究和学习都不够深入。

第三,与我们现行的教材有关。我们的教材并不是按照国外的三大音乐教育体系来编排的,而且国外教学法本身也有自己的教材。与我国音乐基础教育不一样的是,国外不将音乐课分为欣赏、歌唱的,而且我国的音乐课,特别是小学高段以后的音乐课缺少国外的节奏训练、体态律动等这些活动。所以,从我们的场地、教材、师资这三方面来说,真正要推行国外的三大音乐教学法,还是有很大难度的。

而且,我们的一些教师用国外三大音乐教学法教学,是完全照搬人家的东西。首先你要考虑这种方法是否适合中国,要想使其成为我们的东西,必然要有一个本土化的过程。而三大教学体系的实施并没有完成这个过程,没有形成本土化发展体系。所以,你要让教师把三大教学法用到课程中,也只能用在一两个技术性的环节或者作品上,这也是三大教学法在我国推行的一个障碍。

名　第二个问题,开发校本课程是目前许多学校都正在进行的事情,但是许多教师并不清楚到底要怎样开发校本课程。您对校本课程的开发有什么好的建议吗?

陈　其实校本课程在我们上海开展的时间也比较长了。我的感觉是:上海的校本课程做得并不差,从上海校本课程和校本教材的研究进度来看,其实已经很好了。国内很多研究校本课程的专家都在我们上海,比如华东师范大学崔允漷、吴刚平、刘良华教授等。上海进行校本课程的开发还是比较早的,很早就已经开始对研究型课程、拓展型课程进行教研,绝大多数地方,包括区县,都有专职教研员。而且市教研室也有这方面对应的岗位,有专门负责研究型课程和拓展型课程的教研员。

对于教师来说,我们是生在了一个好的时代。以前教学都是以教参为纲,现在教参只是我们的课程资源之一,学校的教师已经对自己的教学内容、课程内容安排有着比较大的自主权了,问题是如何找到本学校校本课程开发的方向。校本开发主要有两种方向。一种是比较简单的,比如搞一个科目设计,开发一个包括四五节课的短课程,这就可以形成一个简单的校本课程了。还有一种是不再局限于科目设计,而是推动校本教材的开发。校本教材可以依据本校教师的情况、资源的情况、学生的情况开发。还有一种概念,是将国家课程校本化,主要有这样两个方向。一个是国家课程的校本开发,比如上海市的艺术教材,这本教材在我的课堂中是根据我的需求再开发的,这属于二次开发。举个例子,高中艺术课中的雕塑,教师可能不了解雕塑,那要怎样进行教学呢? 我作为一个不懂雕塑的教师该如何给学生讲雕塑呢? 其实也是可以讲的,我们可以给学生讲一讲雕塑的发展史,雕塑造型的美感,雕塑史上著名的人物和代表作品,或者与他们的雕塑有关的故事。这就是如何将国家课程校本化再开发。还有另一种完全的自我开发的校本课程。比如我现在是在川沙镇工作,川沙镇上有一座宅子,这座宅子叫作"内史第"。在内史第出生的名人有很多,这里是黄炎培故居,也是宋氏家族的故居,宋庆龄、宋子文、宋美龄都在这里出生和居住过。胡适当年也是在这里居住过的。还有一位人物,是跟我们音乐教育有关系的,就是著名音乐家黄自——中国现代音乐教育的奠基人之一。根据内史第,我们就可以开发一个校本课程,如"内史第文化之旅",这个就是根据我们学校的地理位置、特色,开发出我国现行课程之外、只属我们学校的校本课程。总之,要根据各省市区域的特点、各学校的特点以及地理位置等来开发课程。

名　最后一个问题,也是最近非常热门的话题。现在很多省市,比如江苏已经将美术和音乐纳入中考了,但是上海没有纳入。作为一线音乐教师,您对这个问题有什么看法?

陈　作为一名音乐教师,对音乐、美术进中考,我是比较反对的! 我很高兴国家能重视艺术教育,但是重视艺术教育不代表一定要将其纳入升学考试中,占多少比例的分数。可能有不少的音乐教师会以为音乐教育和音乐教师的"春天"来了,其实我认为,重视艺术教育不是以纳入中考来简单体现的。就艺术能力而言,各地区、各学校、各学生的情况是存在差异的,这就存在不公平性。以音乐教师自己的教学来说,特别是城市和比较发达的地区,如果音乐学科开始考试,并且成绩真的纳入中考,那么我们的音乐教学可能也要围绕着考纲转,学生拿着音乐书背。这样一来,我们校内的音乐课堂、音乐教学就真的要"死"了,可能要走"回头路"了! 其实,这种做法是"头痛医头,脚痛医脚"。如果重视音乐教育就加入中考,如之前重视体育也是加入中考,那么重视创新能力,重视心理健康,重视国学,也都加入中考吗? 还有,学生的学习压力已经很大了,并不喜欢音乐、美术的学生,可能就要为了中考成绩去报艺术辅导班。不要说我们音乐教师在音乐课上就能把应知应会的教好,就不用愁音乐进中考,如果没有标准题库,应知应会对音乐来说就是"无底洞"。而如果采用标准题库和人机对话标准测试,大家可以想象一下我们的音乐课会怎么来上! 本来我们就一直在讲多元智力、多元教育,那么教育政策为什么不按照多元理念来制定呢? 孩子喜爱音乐是好事情,但是如果不喜欢音乐,或者没有这方面的天赋,他完全可以去下下象棋或者做自己喜欢的其他事情。我们不求孩子全才,现在的考试却逼着我们把孩子往全才的方向培养,这明显违反了教育规律。

神奇的艺术采风之路

—— 访上海市音乐特级教师、杨浦区教育学院党总支书记李逊芳

李逊芳，中共党员，上海市特级教师，正高级教师，上海市教育学会中小学音乐教学专业委员会副主任。

担任上海市杨浦区教育学院党总支书记，上海市第四期"上海市普教系统名校长名师培养工程"攻关计划基地主持人，上海市中青年骨干教师团队领衔人等职。曾被评为上海市教育系统"三八红旗手"、上海市学校艺术教育先进个人、杨浦区拔尖人才等，获上海市"四有好教师"提名奖、杨浦区"五四奖章"等荣誉。

李逊芳老师的课程形式新颖。她利用假期赴五大洲二十多个国家和地区采风，录制原生态音乐短片，并开设了"觅影寻声"课程，以此拓宽学生的文化视野。她还创建"多媒体数码音乐、影像学习制作室"，通过课程激发学生的创造力。

访谈时间　2018 年 3 月 23 日周五上午
访谈地点　上海市现代音乐职业学校 206 办公室

名　**李老师您好！您以前在文章中提到，一开始您是打算做一名中学语文老师的。是什么原因促使您转变原先的职业方向，最终成为一名音乐特级教师的呢？**

李　我毕业于上海市第二师范学校，这个学校主要是培养中小学的各科老师，大多数学生毕业后将担任语文、数学、外语等主课老师。在读师范学校时，我就立下这样的志愿：要像于漪老师那样，成为一名优秀的语文老师。当时，师范的学生都很多才多艺，同学们都有自己的特长。我一直在思考要培养自己哪一方面特长。直到学校开设了钢琴的选修课，我找到了方向。明确目标后，我在练琴的时候动力满满，除了上课，我把所有的业余时间都花在了练习上，进步非常明显，这也让我有机会在学校的展演舞台独奏。多场演出获得成功，让学校大多师生都知道有个叫李逊芳的学生钢琴弹得还不错。这是老师和同学对我的印象。

在毕业的时候，上海市要举办一个综合教学展示活动，在毕业生中挑选语文、数学、英语三门学科"小老师"进行展示。机缘巧合，我荣幸地被选为语文课的展示者。至今记得那篇课文主要讲述的是海洋世界，我采用了一种新颖的教学方式，在学生朗诵的时候，用钢琴来进行伴奏，以此助推学生情感的抒发。这节课得到了很多领导专家的好评，大家都觉得我们学校学生的综合素养很好。当时我们的校长，也就是现在的全国教书育人楷模于漪校长，也在下面听课。课后她说："这个小姑娘弹琴弹得挺好的，课也上得不错，学校音乐组目前还缺老师，不如把她留下来做音乐老师吧！"于是我的教师之路从原本的设定转向，留校成为一名光荣的师范音乐教师。

名　**您的教师职业生涯以及个人成长历程是如何发展的，可以跟我们简单介绍一下吗？**

李　刚留校的时候我对自己的专业能力还很担心，因为师范学校是全科式教育模式，不是音乐专业学校，虽然我的钢琴水平还不错，但是音乐教育要涉猎的和声、视唱练耳等我却从来没接触过。通过业余时间不断自学，我努力减少差距，但总感到力不从心。任教一年多后，我得到了一个好消息，上海音乐学院和上海交通大学人文学院要开设专升本和研究生班的课程。我马上向于漪校长提出深造的想法，于校长非常支持我，语重心长地和我说："专业是立身之本啊！你一定要抓住这个机会好好学。"报名后我才知道全国统考，和声、视唱练耳是必考科目，这些都成为我考学路上的绊脚石。于漪校长在得知我的困难后，马上联系了原杨浦中学音乐教研组组长郭予力老师，请他帮我系统复习。于是，我每个星期去郭老师那里学习。最终，我以总分第一的成绩考进了理想的大学。在三年的学习中，我又有幸遇到了上海音乐学院的马革顺、钱亦平、蒋维民等教授，大师精湛的教学技法、厚实的文化底蕴让我在专业的道路上迈开了扎实的步伐。

我有一个优势，就是能从学生的角度去思考什么样的课是受欢迎的。我会回想我在做学生的时候，喜欢听哪些老师的课，这些老师上课的特色是什么，能不能融入我自己的课程中。我的课也逐渐成熟，受到了学生们的好评，跨过了师范生和教师之间角色转换的台阶。

当时学校有很多比赛，比如"新苗杯""小荷杯"等，这样的比赛活动很多，所以锻炼的机会比较多。每次参赛，教研组老教师们听完课后会马上提出我存在的不足，大家再集体备课，再次试上。正是通过这样的锻炼，我作为年轻教师快速成长，踏稳了专业成长的第一步。

后来因为上海第二师范学校改制为杨浦高级中学，我被借调到了一所新成立的民办初级中学工作。面对中学生上课，对我又是一次挑战。我根据他们兴趣点、年龄层次的不同，在课堂上设计许多与学生互动的环节和艺术实践的环节，提升学生的综合素养。我开设的公开课荣获市区一等奖，逐渐在市级平台崭露头角。2004年，我被调回到杨浦高级中学，针对市重点学生知识面广、兴趣广泛的特点，创设了"多媒体数码音乐、影像学习制作室"，并设计了音乐制作、影视剪辑相融合的跨学科课程。我尝试将"微电影制作"项目融入课程，学生自己组建团队，创作剧本，拍摄剪辑，分享发布，一个个优秀的作品被相关媒体报道，"多媒体数码音乐、影像学习制作室"成为首批"上海市创新实验室"之一。

　　在学校艺术社团建设方面，我和团队老师克服困难，整合资源，逐步形成了"多元化、可选择"的社团体系，陆续创办了舞蹈团、电声乐团、话剧社、诗歌朗诵社、篆刻社、健美操团、街舞团，等等。现在想想，这么多社团的相继创办，学校的艺术活动一下子蓬勃发展起来。通过十年的努力，杨浦高级中学被光荣地评为"上海市艺术特色学校"，我也在 2014 年被评为上海市音乐特级教师。

　　2015 年，为了培养音乐文化产业急需的新型高端音乐人才，上海市现代音乐职业学校诞生了，上海市委、市政府对学校提出了"上海一流，国内领先，国际水平"的高要求，我被任命为学校的党支部书记，副校长。我感受到深深的责任与压力。如何主动服务上海地区文化产业的发展？如何结合现代音乐人才培养坚持立德树人、德技并修？如何开设现代音乐表演与现代音乐制作的特色课程？如何在办学中开展与现代文化创意产业结合的校企合作？如何搭建青年教师团队的专业成长平台？作为一所全新模式的艺术中等职业学校，这些问题没有任何可参考的答案，办学初期可谓困难重重。

　　我和校长一起拜访了上海音乐学院、四川音乐学院、武汉音乐学院、浙江音乐学院等多所艺术类院校，了解现代音乐相关课程体系；走访上海广播电台节目中心、上海东方传媒有限公司、虹口音乐谷产业园进行调研，考察音乐企业的人才要求，结合职业学校的人才培养方案、专业设置，逐步摸索出符合学校特色发展的专业道路。

　　为了培养学生的综合能力，我们将现代的音乐教学理念和方法融合创新，根据学生个性需求开设了专项选修课、组合实践课、工学交替课、舞台实践课等。通过多年的探索，逐渐形成了"美乐特色课程"，包括："美乐大师"系列、"美乐名师"系列、"美乐 TEAM"系列、"美乐 UP 主（uploader，指视频、音频等的上传、发布者）"系列、"美乐毕业生"系列……多元化可选择的课程，既关注现代音乐本体知识的掌握，又凸显未来职业能力培养的特色。

　　学校大力推进校企合作深度与广度。一方面，通过"走出去"将实践课程开设到上海大剧院 YOUNG 剧场，与一流音乐文化企业合作研发"视唱练耳"移动应用软件；结合音乐人工智能，与互联网企业合作开发音乐脑电波作曲创新实验室。另一方面，利用学校对标国际的硬件设施，筑巢引凤，将知名企业请进学校，让行业大师手把手参与教学。学校还与旧金山音乐学院、伯克利音乐学院联合举办音乐会、夏令营，将世界最前沿的音乐教育信息带给了学校师生，让学生多元地了解到今后职业所需求的专业能力。一系列的实践探索，不仅深化了专业课程内涵，更为学生提供了多元的专业技能实践平台，为培养学生成为具有团队合作精神、多元艺术审美、广阔国际视野和跨界创新思维的高端应用型复合型人才打下深厚的基础。

在团队老师共同努力下，上海市现代音乐职业学校逐步扩大了社会影响力，招生人数翻了三倍，毕业生以综合的专业能力、扎实的专业技能、优秀的专业作品，在业界广受好评。学校逐步形成符合现代音乐专业特色的发展之路。

名　一路走来，您从一位普通音乐老师到一所学校的副校长，这个过程中有没有什么样的经历或者什么样的事让您觉得印象深刻或者很有成就感？

李　我现在的角色已经发生了变化，从一位音乐老师变成了一个校领导，我就把这两天经历的事情很自豪地说一说。这两天上海电视台、上海教育电视台和上海人民广播电台连续播出了我们学校举办的"知识可以如此艺术"活动。这个活动一开始的创设点是什么呢？有两个班主任，有任课老师，也有我们音乐专业的老师，碰到了一个瓶颈，学生总是背不出学科知识，比如八大行星总是背不出来，那怎么办呢？学校的张老师就说："那我把它们编成一首歌吧！"就这样一个想法出来了，之后就有了一首有关天体知识的歌。这首歌曲编完后，历史老师说："我这里也有难点，关于法国大革命学生也有很多的知识点搞不清楚。"然后老师们又马上编出了一首"法国大革命之歌"，很大程度上激发了学生们的学习热情，而老师的这种创新想法也同样促使学生的创作激情越来越高。创编歌曲的这个想法是老师之间相互交流产生的，他们跟我说了以后，我觉得这里面有很好的契机，能够鼓励大家进行创作。等到老师把音乐编出来以后，我就找到了华东理工大学的艺术设计与传媒学院将音乐配上短片，作品推送出来以后，电视台也很感兴趣，于是就把这个事情变成了一个项目，促使我们全校的师生集体搞创作。其实我觉得现在能做的很多事情是过去音乐老师所不能做到的,现在作为校领导,我可以让老师们的一个很好的创意,像一粒种子慢慢发芽,涉猎所有的学科,涉及全校所有的师生。我感觉现在我做的这个事情非常有意义,能让老师们的创新意识和团队精神发挥出来,形成一种创作的艺术氛围。我觉得,我以后能做的就是让老师们的一个个创新想法落地、生根、发芽,从而变成学校的特色,这个事情让我挺有成就感的。

名　很早就听说您是一位非常敬业,有思想,有创新精神的教师,常常利用自己旅行摄影的兴趣爱好去世界各地进行艺术采风。在这个过程中,您有哪些收获,取得了哪些教研成果?

李　艺术采风,其实就是把自己的兴趣爱好融入教育教学,这也是美育教育的催化剂。记得在凯慧中学的时候,我上过一节市级公开课《绚丽多姿的世界音乐》,介绍关于世界各地的音乐文化。当时上海市教研员王月萍老师来听课后,觉得我使用的素材和别人的不一样。我告诉她这些素材是我采风所得的。她听后大为赞赏,建议在旅行途中:"你可以把这个采风作为你的教学特色。"这可真是一语点醒梦中人,我过去是在旅行途中顺便采风当地音乐,现在所有的旅行变成了跟着音乐方向去采风。后来我在世界五大洲旅行都选择了世界非物质文化遗产的所在地,将艺术采风的内容融入教育教学当中。原因在于:第一,学生非常感兴趣;第二,老师能以一种独特的视角,有针对性地把当地有民族特色的东西介绍给学生。

　　后来的十多年间,我在十余万千米的行程中拍摄上万张照片,撰写十余万字游记,制作近千段音乐采风影片,这些都成为宝贵的课堂资源。我曾四次踏上平均海拔4 500米的西藏自治区阿里地区录制当地民歌;采集新疆维吾尔自治区维吾尔族用音乐舞蹈诠释生命的十二木卡姆;探访内蒙古自治区呼伦贝尔草原,了解"呼麦"的音乐特点;走进贵州省黔东南苗族侗族自治州黎平县寻觅世界非物质文化遗产"侗族大歌";入住山西绛州鼓乐团,向鼓手们学习"花敲"的技法……每到一处我都会拍摄当地人极具文化特征的照片,探寻当地民间音乐,拜访民间艺术家,拍摄具有独特风情的民间歌舞,寻找具有当地民族风格的乐器,深入了解当地的民间文化、风俗习惯和地域特色。随着音乐资料不断丰富,我将多年的积累,从音乐人类学的维度重新整合构建,创设"中国的世界非物质文化遗产之旅"系列资源,出版专著、特色教材《行者之歌》《觅影寻声》《魅力中国》。在课堂上,我尝试将鲜活的、现场的、原生态的音乐资料呈现在学生面前,以第一视角介绍各地的音乐、历史、经济、人文、地理,使学生足不出校就能近距离接触到充满民族特色的音乐,在教育教学活动中逐渐形成以爱国主义为核心的音乐艺术的历史观、民族观、国家观、文化观,让学生深刻地感悟"民族音乐文化的根脉值得世代珍惜和永久传承"。

名　对于新手教师来说,应该如何发挥自己的兴趣爱好,形成自身独特的教学风格? 您能否给予一些这方面的建议?

李　我觉得新手教师首先要站好讲台,如何在最短的时间内完成从师范生到教师的角色转换,并且融入教育教学,这是第一步,第二步再去尝试找一些自己的风格和特色。虽然摄影和旅行是我的爱好,但是每个人的爱好都不一样。比如说,有的音乐老师在诗歌方面有特长,就可以尝试诗歌和音乐相结合的创作;有的对历史、文学比较感兴趣,那么可以在自己的音乐教育教学当中融入一些历史、文化的相关拓展知识。对于新手教师来说,除了找到自身特点以外,还要大量学习。比如,如果打算把文学或影视与音乐相结合,那么我就要涉猎大量的文学作品或影视作品。再比如,现在的流行音乐作品里面也有很多"古风""中国风"的内容,因此有关这些方面的东西就需要广泛学习。我觉得新手教师要广泛涉猎知识,要紧贴时代的潮流,建议新手教师要找到学生现在所喜欢的点,然后再慢慢地形成自己的特色,变成自己独特的教学魅力。

名　高中的艺术课堂与中小学的音乐课堂有很大的区别,经过这么多年的教学探索,您有没有形成自己的教学理念或者教学模式?

李　我的教学理念,是让自己的课程成为学生热爱音乐、认识生活、提高审美、感悟生命的土壤。热爱音乐,就是在高中三年里面能够让我们的学生在音乐素养上有一个积淀,培养专业的音乐家不是我的最终目的,我所期望的是把所有学生培养成音乐爱好者。认识生活,就是让学生能在生活中寻找美,要有发现美的眼睛,听得到美妙旋律的耳朵,但最重要的是要有一颗爱好美、向往美的心灵。提高审美则是通过欣赏音乐,逐步提高学生们的审美水平,喜欢一切美好的事物。感悟生命是最高境界,让学生能在音乐中感悟到生命的神圣以及伟大,从而完善人格,拥有一颗善良的心。

高中的艺术课堂和我们教育教学的特点、关注点、侧重点不一样。如果是初中,我更关注的是学生的体验互动;如果是高中,我觉得人文内涵性的、审美性的过程,让他们认识到生活和艺术之间的融合,提高他们对生命的感悟,更为重要。虽然明线还是音乐与艺术,但其实有一根隐线,隐线便是对整个艺术人生价值的一种思考。初中教学如果讲一个简单的音乐知识,那么高中相比于初中可能涉猎的面会更广,从一个点到一个面,纵向和横向会涉及地更深更广一些。比如说,我们讲西班牙的弗拉明戈,初中教材里面也会介绍这样的一个内容,而教师在高中进行相关教学的时候,就可以涉猎历史方面的知识点。例如:为什么会有弗拉明戈?弗拉明戈的起源在哪里?为什么舞蹈里面的表情都很严肃?沉重的呐喊,这个沉重的点在哪里?这就需要带着很多问题让学生去思考。这个思考不仅仅是音乐方面的,还有关西班牙的历史,比如费尔南德斯和伊莎贝拉女王双王合并的历史故事,能够让学生去寻找弗拉明戈"幽怨"的源头,这就是高中艺术课程的特色。我认为,最关键的还是要把课上"活",这个"活"对老师提出了比较高的要求,老师自身的人文底蕴和专业素养会带领学生涉猎不同的内容,这就是高中课堂和初中课堂的区别所在。

名 您在教师职业生涯中,是否出现过职业倦怠这一现象,或者在音乐教育事业中是否遇到过挫折?您是如何克服的?

李 我觉得职业倦怠,就意味着一个瓶颈期。一个是教材方面,因为教材改变得不多,如果一直在用同一版教材上课,上了几年以后就会发觉越来越疲惫,会慢慢地对此产生麻木。但是这个时候的倦怠需要自己来调整,即能够与时俱进地把新的内容融入教学,因为教学是永无止境的。我觉得作为一名教师,要对自己有一个不断学习的要求,还要有所创新,要尝试不断地把新的东西融入教学,比如我创建的"多媒体数码影像制作"课程、"觅影寻声"课程等。这些创新课程就是我克服倦怠感的一个最好的原动力。因此,要不断思考教学内容怎样更新,怎么把新的课程改革理念加入课程。这就是一个很好的克服倦怠感的方式。我觉得这个方法要靠自己不断地学习,不断地涉猎更多方面的内容,这样对我们音乐教师克服倦怠感是很有帮助的。

名　您认为对于音乐教师来说,最重要的是什么? 什么知识或技能才是最有用的?

李　最基本的就是专业技能,这是第一点要强调的。如果没有扎实的专业技能,教师的讲台就站不稳。第二点我觉得最重要的,还是要有一颗爱学生的心,因为你要站在学生的角度去思考,要从教师教的角度转到学生学的角度——怎么才能让他们学得好? 老师要善于角色互换,心中有学生,手上才会有办法,你的教学才能教"活"。第三点在于与时俱进的教学方法:怎么教? 作为一个老师要不断地学习,广泛地涉猎,无论是教育教学的方法,还是现当代比较热门的艺术,包括画展、音乐会等,都需要大量地涉及。还有一点,在教育教学当中,教材里面所讲到的内容涉及的其他艺术体系,同样也需要学习,比如美术的、戏剧的、舞蹈的,等等,这些都是和我们音乐相关的艺术门类。现在所提倡的学科综合也是相当重要的。总而言之一句话——学无止境!

名　许多名师成立了名师工作室,您觉得名师工作室的成立后,上海市音乐教育在哪些方面有了显著的提高?

李　严格来说,我自己就是从名师工作室里的一个学员成长起来的。我第一次参加的是第三期上海市音乐名师工作室,五年间都在这个名师工作室里学习。我们的导师是特级教师曹建辉老师和陆亚芳老师。我觉得自己就是名师基地的一个受益者,因为在这里你的眼界会变得不一样。我们会走出上海,有机会和上海市最有名的艺术专家,大学里的专家,高端的名家一起学习、交流。目前,我自己也成立了上海市中青年骨干教师团队,这是上海市唯一一个音乐学科的中青年教师骨干团队。作为一个领头人,我带领了十几个老师。我们这个团队所关注的是"艺术信息化",通过艺术信息化,我们推出了很多"微课",之后很多老师把信息化的内容整合到自己的教育教学当中,他们利用网络平台开设了微信平台,而且编写了具有自身特色的教材,这对老师们的成长也起到了非常积极的作用。比如,我们中有几位老师参加了全国的教育教学大赛,获得了全国的一等奖。名师工作室在专业的道路上给了他们一个更好的铺垫、引领。我想在未来这样的机会将会更多,也会进一步促使新一代教师不断成长。

名　刚才您提到了"艺术信息化",您觉得"iPad 信息化教学"有哪些优势?存在的弊端是什么?

李　信息化教学,我认为会是以后教育教学的趋势和走向,其实我觉得在中小学音乐课中这个方式则更为适用。当前,我们的音乐课或者艺术课最大的瓶颈就是个性化、体验度不够。每个人的个性各有差异,比如说欣赏同一段音乐,每个人对这段音乐最喜欢的部分是不同的,每个人的观感是不一样的。运用信息化手段以后,可以了解到每位同学的兴趣点在哪里,这是个性化方面,比如 GarageBand("库乐队")软件,它可以让学生进行创作和个性化地展示。创作是我们音乐课中的重难点,在利用信息化手段以后,学生们立刻就能在课堂上实践起来进行创作,我觉得这是一个非常好的优势。我认为关于信息化工具如 iPad(平板电脑)、网络等的运用将会是以后的整体趋势。

但是,我个人建议,要适当运用信息化手段,不要为了信息化而使音乐本体的东西缺失掉,不要为了信息化而信息化,要使其中适合的内容有效地融入教育教学。因此,这个问题需要我们每一位教师思考。

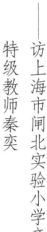

『音乐之声』育百花

——访上海市闸北实验小学音乐特级教师秦奕

秦奕，上海市特级教师，正高级教师。现担任静安区闸北实验小学明德校区副校长。

2009 年毕业于上海师范大学。上海市中小学音乐学科中心组成员、静安区学科带头人、静安区第三届教育系统拔尖人才。曾参与上海市中小学（幼儿园）课程改革第二期中小学音乐学科课程标准修订，担任上海市课程教材评审、上海市中青年教师教学评审、国家教师资格考试考官等。参与编写《上海市小学音乐学科教学基本要求》《知音识曲，向善尚美》（"学科育人价值丛书"）、《中小学单元教学设计指南》《上海市小学基于课程标准的评价指南》等，出版专著《育人视野下小学音乐教师教学实践研究》，多次获全国学科教学评比、教学案例评比一等奖。

访谈时间　2024 年 6 月 24 日上午

访谈地点　静安区闸北实验小学明德校会议室

名　秦老师您好！您能否和我们分享一下您的专业成长生涯？

秦　我从师范院校毕业后就一直奋斗在小学音乐教育一线，在音乐教育的园地耕耘了二十八年。在众多音乐教育前辈们的指引下，我始终站在课堂教学的第一线，和孩子们一起歌唱、舞蹈，营造最美的音乐课堂。2020 年，我被评为上海市特级教师。

名　秦老师，您在教学过程中始终坚持的核心教育理念或者教学方法是什么呢？

秦　任何学科的学习都应该在育人的视角下进行，这是学科的价值体现。而音乐学科要实现育人，最终还是落实在培养人上，要培养的是"会学习、懂音乐、适应社会发展的综合性人才"。要达到这个目标，我们的主阵地还是在课堂，从培养人的视角思考学什么，怎么学，学到什么程度。达到目标需要通过以下途径。

　　坚持以人为本，站在学生的角度去思考学什么。学知识固然重要，但是学方法更重要。比如，指导学生掌握三拍的节奏，首先要能听出三拍的节奏，但更重要的是找到听出三拍的方法，因为学生可以迁移方法，掌握听出不同节拍的方法。生成学习的能力，这是会学习懂音乐的基础。

　　坚持素养导向，从培养学科素养的角度去思考怎么学。让学生懂音乐是在大量的音乐作品的实践和体验的基础上实现的，但是课堂只有三十五分钟，我们不可能把所有音乐作品让学生听一遍。我们可以用抓关键特征的方式，重点实施，把大量的时间留给学生进行实践，因为听《长城谣》，能唱《长城谣》，能演奏《长城谣》，获得的能力是不同的，通过不同途径的实践，学生获得听的能力、唱的能力、演奏的能力和创作的能力，而这些能力才能让他们懂音乐。

　　评价促进发展，从完善自己的角度去思考学到什么程度。从学生的角度来说，评价不仅有诊断功能，还应该有激励和促进成长的功能，是更好地认识自己的途径。要以此促进学生建立"成就更好的自己"的学习信念,建立积极向上的态度。

延展学习边界。课堂三十五分钟边界无法拓宽,但在信息化背景下,我们要利用好线上线下上海丰富的艺术文化资源,让学生在各种环境中拓宽学习的边界,认识社会,融入生活,为适应社会发展打下基础。

名　您曾经在全国音乐学科教学评比中获得了一等奖,可以跟我们分享一下当时的经历吗?

秦　我2004年参加了第四届全国中小学音乐学科教师教学评比。这是第一次在全国教学评比中采用现场教学的方式。那一年决赛的现场在云南昆明,当时市教研员王月萍老师和区教研员唐茂莉老师带着我去昆明,由于是借班上课,且提前和学生接触的时间只有二十分钟,我非常紧张,但王老师和唐老师一直在指导、帮助和鼓励着我。最后我在现场教学比赛中获得一等奖第一名。首都师范大学博士生导师王安国教授在点评时,就以"情景化、灵动自然"概括了我的课堂教学。2023年9月人民音乐出版社把我的这节课放到微信公众号上推送,和全国同行们交流。

名　您在教师职业生涯中,是否经历过职业倦怠期呢?您是如何克服的?

秦　我没有职业倦怠期。在获评特级教师后,我尽己所能地助推音乐学科发展,在这个过程中碰到过一个比较典型的教师专业发展的实例。2020年9月我流动至崇明区堡镇小学。作为一名崇明人,我既兴奋又荣幸,能为崇明的孩子们上音乐课,能为家乡的音乐教育事业出一份力,我充满着期待!

初到堡镇小学,我居然有些不适应,在市区工作二十六年的我,对于艺术教育发展的不均衡没有具体的概念,直到我进入堡镇小学,了解到三年前堡镇小学音乐教育的情况。我分别执教了两个校区的四年级,发现两个校区的学生在同样内容的学习上,学习的时长和掌握的情况都有较大差异。我带领的音乐教师团队,平均年龄50岁,虽各有音乐专长,但对于教师专业发展需求有很大差异。学校以语数外学科的活动为主,以音乐为主要形式的全校性活动较少。

由此可见,学生需要音乐素养的提升,教师需要个性化的培训,学校需要艺术氛围的营造。堡镇小学对优质的音乐教育的渴求要高于市区的学校。

我告诉自己,以往的经验在这里不适用,要尽快做出调整,要调整目标,调整路径,调整策略。

第一个目标,学校音乐教育质量的整体提升。

首先,我开放自己的课堂,邀请老师们来听课;其次,我带领堡镇小学音乐教师在闸北实验小学,组织两校的校级教研联动。在此基础上,我多次开设讲座,辐射全组以及整个学区。此外,我进入老师们的课堂,和大家一起听课、研课,开展教研活动,一起讨论优化竖笛、合唱、葫芦丝等多个学校音乐社团的策略,一起商议学校艺术节、社团展示等活动的形式。我和老师们多次承担区域教学展示任务。2021年5月7日,堡镇小学教育集团音乐学科开展了以"关注核心素养　落实深度体验——因材施教背景下提升农村学校学生音乐素养的行动策略研究"为主题的区级教研活动。本次活动中两位平均年龄52岁的老师——宋国萍老师和黄平老师分别进行了公开课的展示,李迎迎老师和潘鑫老师分别针对教材教法进行分析交流。本次活动得到了与会专家和老师们的一致好评。

第二个目标,学校音乐教育特色资源的建设。

一起努力和奋斗的时光是很快乐的,但是我的内心深处一直有一个焦虑,三年流动工作结束后,堡镇小学音乐教育如何能保持较高的水准? 如何形成堡镇小学特有的音乐教育资源? 围绕这个思考,基于区域特色,我们从崇明童谣入手开始实践。

我们立足经典曲目,从德智体美劳五个角度梳理童谣,挖掘童谣内涵,结合音乐的形式,表达对童谣的理解,以此形成"谣唱童年"小学音乐学科拓展学习材料。除了文本资源外,我们走进录音棚,为童谣配上示范演唱、表演以及伴奏等音像资源,为课程的实施打下了基础。

我们利用课后服务的时段,开展了崇明童谣的社团活动,利用音乐课的拓展环节教授孩子们崇明童谣,引导学生感受崇明童谣的魅力。我们还举办线上的"我爱家乡崇明岛、美丽童谣我来说"的活动,线下的"谣唱童年"童谣节活动。孩子们可高兴了,现在堡镇小学的每一个孩子都会唱童谣,会演童谣,还会编童谣。堡镇小学孩子们演绎的五首崇明童谣还发布在"学习强国"平台。

孩子们爱上了童谣,这都离不开老师们付出的巨大努力。校本课程学习材料"谣唱童年"中所有童谣谱曲都由堡镇小学音乐老师完成。陈君君、宋国萍老师排练崇明童谣《赏月》,被推荐去参加市里的合唱比赛,李迎迎老师带领学生在 2021 年第一届崇明区少先队辅导员能力大赛中演绎崇明童谣《牵磨机嘎喂》,获得一等奖。成果和荣誉接踵而至,但我们最难忘的还是师生围绕着每首童谣的实施和演绎。在童谣这个项目中,每位音乐老师都找到了自己的价值体现,焕发了新的活力!

名　您对即将步入工作岗位的音乐师范生或者职初音乐教师有什么建议吗?

秦　作为一名资深老教师,很高兴能为大家提供一些建议。

热爱音乐和教育。首先,你需要对音乐和教育充满热情。热爱是推动你不断进步和克服困难的动力。

持续学习。音乐教育是一个不断发展的领域,新的教学方法和音乐理论不断涌现。保持学习的态度,参加研讨会、工作坊和培训,以提高你的教学技能和音乐知识。

了解学生。每个学生都是独一无二的,了解他们的兴趣、能力和学习风格,可以帮助你更好地设计教学计划,使音乐学习更加个性化和有效。

创造互动和参与的环境。音乐是关于表达和交流的。鼓励学生参与音乐活动,如唱歌、演奏乐器、创作音乐等,提高他们的学习兴趣和参与度。

使用多样化的教学资源。利用各种教学资源,如音乐软件、乐器、多媒体材料等,丰富你的教学内容和方法。

鼓励创造力和自我表达。音乐是一种创造性的艺术形式。鼓励学生发挥想象力,创作自己的音乐作品,表达自己的情感和想法。

建立积极的课堂氛围。营造一个支持和鼓励的课堂环境,让学生感到安全和被尊重,让他们更愿意尝试和探索音乐。

与家长和同事合作。与家长保持良好的沟通,让他们了解孩子的音乐学习进展。与同事合作,分享教学经验和资源,共同提高教学质量。

反思和修正。定期反思你的教学实践,评估哪些方法有效,哪些需要改进。这有助于你不断成长和提高教学效果。

最后,我预祝大家在音乐教育的道路上一切顺利!

后　记

　　《上海音乐教育名师访谈录(基础教育版)　第一辑》的顺利出版,是几代上海音乐教育工作者共同努力、通力合作的成果,亦是对改革开放以来上海音乐教育发展的生动刻画。

　　丛书主编施忠教授是一位在音乐教育领域造诣颇深的学者,他对上海中小学音乐教育的未来发展抱有极大热忱。2017年3月第一次谈及项目计划时,他认为师范学校最重要的目标是培养"卓越的教师",而最宝贵的资源就是校友。据不完全统计,上海一线音乐教师中超过70%毕业于上海师范大学音乐学院,而名师中这一比例更是超过90%。这充分说明,上海师范大学音乐学院不仅在教育人才培养方面拥有悠久的历史,同时也是音乐教育师范生高质量培养的有力保证。

　　筹备过程中,我们将项目名称定为"上海师范大学音乐教育名师讲堂",首批对象圈定为上海历任市音乐教研员以及音乐特级教师。这十六位名师,上至年逾八十的陈蓓蕾老师、下至最年轻的"70后"曹晏平老师,完整展现了上海音乐教师老、中、青三代人的精神面貌。在上海音乐教育相关各界、各级部门支持下,名师讲堂于2017年4月19日正式启动。

　　讲座开办的过程中,名师及名师讲堂本身在音乐教育同行中受到巨大关注,在长三角乃至全国产生重要影响。我们一方面感动于名师的敬业精神和专业素养,另一方面又深感以往教师教育研究的不足。在教师教育学理论中，一名新手教师至少要经历五个阶段才能成长为一名专家型教师——具备扎实的学科知识、教学知识和实践知识，对教学问题具有敏锐的洞察力并能将之反馈于有效教学，提升课堂教学价值。以往音乐教师教育研究大多集中于建构一般音乐教师的专业能力标准，而较少对专家型教师的特征述评和轨迹梳理。讲堂开办进行中，又闻郁文武老师突然离世，实在令人扼腕叹息。出于对音乐教育研究的社会责任感，我们认为有必要在开设讲堂的同时着手对上海音乐教育名师展开质性研究，希望通过个人访谈的形式将现有成果记录下来，以此汇集名师的音乐教育智慧，留存名师的成长经历，探寻他们的成功密码，并使之成为促进师范生未来教师专业发展的推进器。基于此，本书的个人访谈集中于以下五个维度。

1. 个人成长路径揭示，包括家庭背景、成长经历、求学过程、合作伙伴、系统支持、比赛获奖等信息。

2. 音乐教育的核心理念或教学方法，指名师最有价值的教学经验，能够体现其强烈的专业发展精神。

3. 名师社会影响力，包括名师工作室的建设，师傅带徒弟的传承，个人的教学科研成果。

4. 教师生涯中的低落、挫折与停滞，针对教师职业生涯发展中的不同阶段体验，包括新手时期的紧张无助，"蜜月"时期的得心应手，"高原"时期的倦怠，以及面对繁杂、单调的日常工作时教师成功感、幸福感的缺失。

5. 对于音乐教师来说，什么知识才是最有用的？请名师结合自己的经历，告诉师范生哪些是必要的知识储备，入职后应继续学习哪些领域的知识。

这五个维度整合了教师专业发展的知识基础、专业技能、模式培养、理念传承和实践反思，能够较全面地展现名师的基本特征，为音乐教师教育研究积累一手资料。

在完成访谈提纲之后，我随即邀请学院音乐教育相关教师与研究生共同参与，根据提纲与各位名师取得联系，开始信息搜集及文稿撰写工作，他们是：丁佳、郑凡、张婷婷、张迪、孙丹、全心宇、肖硕、王楠、刘亚楠、庄羽菲、屠俊、陆思滢、张琪。感谢参与"上海师范大学音乐教育名师讲堂"的名师为讲座及访谈所付出的时间、精力和智慧。同时,我也欣喜地看到各位访谈作者为本书所付出的努力,看到经过与名师面对面的交流,学生在学习意志、品质上的进步。他们真正实现了我院在未来教师人才培养上"教演并举、德艺兼优"的目标。在此,请允许我先读者一步,对为"上海师范大学音乐教育名师讲堂"做出巨大贡献的各位名师及访谈作者表示最诚挚的感谢,你们的支持和努力是促成本书最终顺利完成的重要动力!

希望本书在音乐教师教育研究领域提供参考的同时,能得到各界的批评指正,更期望本书能够为终身奉献于音乐教育事业的一线音乐教师留下珍贵记录,帮助师范生及新手教师树立为音乐教育奋斗终生的信念。

曹景谐

2024 年 5 月于上海师范大学音乐学院教师教育教研室

图书在版编目(CIP)数据

上海音乐教育名师访谈录：基础教育版. 第一辑 /
施忠，丁佳，曹景谐著. -- 上海 ：学林出版社,2024.
("长三角地区中小学音乐名师专业成长"系列丛书 / 施
忠主编). -- ISBN 978-7-5486-2055-6

Ⅰ. K825.46

中国国家版本馆 CIP 数据核字第 2024V32J71 号

责任编辑　　徐熙纯
封面设计　　周剑峰

上海音乐教育名师访谈录(基础教育版)　第一辑

施　忠　丁　佳　曹景谐　著

出　　　版　学林出版社
　　　　　　（201101　上海市闵行区号景路 159 弄 C 座）
发　　　行　上海人民出版社发行中心
　　　　　　（201101　上海市闵行区号景路 159 弄 C 座）
印　　　刷　上海商务数码图像技术有限公司
开　　　本　720×1000　1/16
印　　　张　12
字　　　数　18 万
版　　　次　2025 年 1 月第 1 版
印　　　次　2025 年 1 月第 1 次印刷
ISBN 978 - 7 - 5486 - 2055 - 6/J · 170
定　　　价　78.00 元